U0723976

大人物小故事丛书

企业家

颜煦之◎编著

台海出版社

图书在版编目（CIP）数据

企业家 / 颜煦之编著. --北京：台海出版社，
2013. 7
（大人物的小故事丛书）
ISBN 978-7-5168-0174-1

Ⅰ. ①企…Ⅲ. ①颜…Ⅲ. ①企业家—生平事迹—世
界—青年读物 ②企业家—生平事迹—世界—少年读物
Ⅳ. ①K815.38-49

中国版本图书馆CIP数据核字（2013）第133308号

企业家

编　　著：颜煦之

责任编辑：俞滟荣
装帧设计：视界创意　　　　　版式设计：钟雪亮
责任校对：李艳芬　　　　　　责任印制：蔡　旭

出版发行：台海出版社
地　　址：北京市朝阳区劲松南路1号，　邮政编码：　100021
电　　话：010-64041652（发行，邮购）
传　　真：010-84045799（总编室）
网　　址：www.taimeng.org.cn/thcbs/default.htm
E-mail：thcbs@126.com

经　　销：全国各地新华书店
印　　刷：北京一鑫印务有限责任公司
本书如有破损、缺页、装订错误，请与本社联系调换

开　　本：710×1000　　　1/16
字　　数：178千字　　　　　印　张：12
版　　次：2013年7月第1版　　印　次：2021年6月第3次印刷
书　　号：ISBN 978-7-5168-0174-1

定价：29.60元

版权所有　　翻印必究

目 录 MU LU

编者的话

古往今来，世界上涌现了多少英雄豪杰、旷世奇才！他们中有的胸怀天下，保家为国，为民谋福；有的文武双全，万夫莫当，勇冠三军；有的超凡入圣，博古通今，满腹经纶；有的足智多谋，能言善辩，安邦定国；有的七步成章，著书立说，著作等身；有的多才多艺，身怀绝技，不同凡响；有的心灵手巧，创造发明，造福人类；有的学富五车，诲人不倦，为人师表；有的浪迹天涯，出生入死，敢为人先；有的忍辱负重，自力更生，艰苦创业……

这些出类拔萃、建有丰功伟绩并能流芳百世的人物，就是人们所景仰的政治家、军事家、思想家、外交家、文学家、艺术家、科学家、教育家、探险家、企业家……

这些人，在他们各自领域能取得辉煌的成就，都有各自的原因。或是勤奋好学，任劳任怨；或是克勤克俭，锲而不舍；或是谦虚谨慎，勇于探索……他们的成功，离不开他们良好的心理素质和高尚的道德品质。他们的成功，都饱含着辛勤的汗水和痛苦的泪水。他们的成功，都有一个个说不完的动人故事。

这些人，是能人，是强人，是名人，是巨人，是圣人，是"超人"，是伟人，是我们常说的大人物。他们不仅为后人留下数不尽的物质财富，也给我们留下无尽的精神力量。他们是人们崇拜的对象，也是人们学习的榜样。

人们常说，"榜样的力量是无穷的"。"近朱者赤，近墨者黑"，就是这个道理。孟母三迁，择邻而居，就是要为儿子找个好榜样。

这里，我们收集了10个领域里共1000多位大人物的小故事。大人物，虽是伟人、巨人，但他们也是常人，是凡人。他们也有着跟普通人一样的经历。他们有七情六欲，喜怒哀乐；他们有成功的喜悦，也有失败的痛苦；他们曾有万贯家财，也曾一贫如洗；他们曾所向无敌，也曾溃不成军；他们曾受人敬仰，也曾被人耻笑……在他们身上，有许多这样生动有趣的小故事。

这些小故事，大都以历史事实为依据，加以描写；也有以人物传记为蓝本，加以缩写；也有以新闻报道为素材，加以改编。这些小故事，有写政治家的雄才大略，也写他的大智若愚；有写军事家的视死如归，也写他的儿女情长；有写外交家的大义凛然，也写他的委曲求全；有写思想家的真知灼见，也写他的人生追求；有写艺术家的勤奋刻苦，也写他的德艺双馨；有写教育家的知识渊博，也写他的不耻下问；有写文学家的创作甘苦，也写他的奇妙构思；有写科学家的呕心沥血，也写他的失败经历；有写探险家的赴汤蹈火，也写他的胆大心细；有写企业家的仗义疏财，也写他的精打细算……

这些小故事，像一颗颗璀璨的露珠，晶莹剔透，闪闪发亮，能折射出大人物们身上夺目的光芒。这就是人格魅力！这就是人格力量！这就是我们学习的榜样。

我们写出这些大人物的小故事，把他们的精神面貌一一展示在你的面前，少年朋友们读了这些小故事，当可从中获得知识，受到启迪，明白事理，学会做人。

祝福你，少年朋友，但愿你也能成为大人物！

·状元郎创大业·

在中国历史上，有一个状元出身的实业家，他就是清朝末年提倡和奉行"实业救国"的实业家张謇。

他是江苏通州（今南通）人，出生在一个富裕的农民家庭。从5岁起，他就能熟背《千字文》了，16岁时考中秀才，32岁考中举人。1894年春天，他竟一举考中了状元。

就在张謇考中状元的第二年，甲午战争以中国战败而告终，中国同日本签订了丧权辱国的《马关条约》。消息传到南通，张謇对腐败的清王朝十分失望，他深深感到，要使中国不受外国人欺侮，就得实行政治改革，大力发展实业。于是，他拒绝回北京重新担任官职，决心在家乡开办工厂。

当时两江总督张之洞也是一位办实业的热心倡导者，他同张謇的想法不谋而合，便委任张謇在南通筹办纱厂。1895年春天，张謇找到本地3位花布商人和几名上海富绅，把办纱厂的事一说，大家都同意加入，于是，他们就成立了"大生纱厂"。

经过几番周折，大生纱厂于1899年4月14日正式开工，纺出了第一锭棉纱。面对震耳欲聋的机器声，身为总经理的张謇激动得热泪盈眶，有谁知道，他这个堂堂的"状元公"在建厂的5年里，历经了多少的磨难啊。

虽然机器开始运转了，但张謇知道，由于工厂缺少周转资金，最多只能生产半个月。于是他来到上海，想找人借一点钱回去救急。可是，他一连在上海奔走了两个月，一分钱也没有借到，没有办法，他只好回到南通，靠着卖纱买棉的方法，一边苦苦支撑着厂里的生产，一边企盼着奇迹的出现。

可能是张謇的诚心感动了上天，几个月后，棉纱售价连涨了几次，到了年底，纱价又一次大涨，让大生纱厂一次就获利了20多万两白银。看着机器不分昼夜地轰鸣着，张謇脸上的愁容消失了。

随着纱厂效益越来越好，张謇心想，纱厂纺纱不能缺少棉花，棉花需要花钱收购，而随着棉纱的畅销，棉花的价格也在一天天上涨，如果我们能有自己的棉田，不就可以不受棉花市场的牵制了吗？想到这里，他毅然决定，建立一个垦牧公司，把沿海的荒滩改造成棉田，自己种棉花供自己纱厂用！

1900年9月，张謇的通海垦牧公司开始筹备，到了1902年春天，垦区各处都长出了嫩绿的青草，过去荒芜的景象一去不返了。

就在这时，一场意外的灾难向垦区袭来。一天夜里，海上突然起了大风暴，狂涛巨浪冲上海滩，石头砌的堤坝被冲垮了，芦苇和牧草也被淹没了。大家一年多的辛苦劳作，转眼间化成了泡影。

见此情景，张謇从垦牧公司工务处冲了出来。他一边迎着巨浪向堤坝跑去，一边大声喊着："工友们哪，快到堤坝上去啊！"刚开始，工人们以为张謇疯了，但很快，都被他的精神感动了，纷纷冲上了堤坝。经过众人的齐心协力，缺口终于被堵上了，垦区的损失减少到了最小程度。

又经过几年的辛勤开垦和建设，通海垦牧公司已经初具规模。当年的荒滩，如今变成了万亩良田，年产棉花四五万担。大生纱厂的原料供应也由此有了保证。

除了兴办垦牧公司，张謇还以棉纺织业为中心带动其他行业的发展。1906年，他开办了资生铁冶厂、广生油厂、大隆肥皂公司、上海大达外汇轮船公司等。到第一次世界大战前，他兴办的各类企业已有二三十家。他成了东南沿海实业界首屈一指的大富豪。

·张裕葡萄酒·

1859年，一个名叫张振勋的中国小伙子踏上了印度尼西亚巴城的土地，他并不想发大财，只盼能多挣点钱寄给家乡穷困的爹娘。

像张振勋这样聪明勤劳的中国人，在这块荷兰殖民地上，想不发财都困难。他开过酒行，搞过农庄，50岁的时候，已经家财万贯，被人称作"苏岛富翁"，在整个南洋华侨界举足轻重。荷兰殖民者更是不敢小看他，还打算授予他官职，可他说："我是一个中国人，应该为中国出力，怎么能当你外国的官呢！"

张振勋说到做到。第二年，他便回到了山东烟台，准备投资修筑铁路，开采矿藏。可是他到了烟台一看，马上改变了计划，决定在这里创办一家葡萄酒厂。原来，烟台这一带气候环境都非常适宜葡萄的生长，用这里的葡萄可以酿造出优质的葡萄酒来。

1892年9月，张振勋的"烟台张裕酿酒公司"成立了，它是我国近代第一家在远东地区最大的新式酿酒公司。虽然张振勋曾经营过酒行，但那毕竟与造酒不同，而且当时我国关于酿造葡萄酒的工艺技术几乎一片空白。于是，他不得不把希望寄托在外国酿酒师身上。

葡萄酒的好坏同酿酒师有很大关系。张振勋不惜以重金请来了一位荷兰酿酒师。没过多久，这个洋酿酒师就把酒样试制出来了，他在张振勋的面前大吹特吹，号称自己一辈子没酿过这么好的酒。张振勋把酒样拿到外国一家酿酒公司化验了一番，结果出来了，差点儿没把他的肺给气炸。化验员对他说："葡萄质量相当好，不过酿酒技术太差，你的酿酒师根本不懂得酒该怎么酿。"

搞了半天，那个荷兰人原来是个骗子。张振勋二话没讲，当场就让他卷铺盖滚蛋了。可好的酿酒师到哪儿去找呢？张振勋连气带急，大病了一场。

就在张振勋卧病在床的时候，奥匈帝国驻烟台领事拔保爵士来看望他，两人聊了两句后，张振勋就把自己的苦恼告诉了拔保。拔保听后哈哈大笑，"你信不信？你面前的这个人就是一位天才的酿酒师！"

原来，拔保家世代酿酒，拔保从小便学了一套酿酒的好本领，酿出的酒又醇又香。这个意外的发现让张振勋大喜过望，他的病当场就好了，他诚恳聘请拔保来帮助自己。见张振勋对事业如此痴情，又如此尊重自己，拔保立刻表示辞去外交官职务，到张振勋的公司，助他一臂之力。

如今万事都已具备，张振勋一声令下，张裕酿酒公司正式开工投产了。从那以后，他天天泡在车间，狠抓产品的质量，哪怕是一个微小的环节，他都不放过。他对工人说："张裕这个牌子我们砸不起呀！"

生产之后要销售，但在销售的时候，张振勋又遇到了麻烦。因为在当时的中国，除了达官贵族和洋人，普通老百姓平时都喝高粱酒，谁也喝不惯张裕的葡萄酒和白兰地。张振勋考虑了几天，终于想出了解决的好办法。

一天早上，全中国满大街都出现了张裕公司的广告；到处都是请人免费品尝张裕白兰地和葡萄酒的推销员；饭店和商场里，张裕的产品堆得满满的……在这些强大广告攻势下，张裕公司的产品顿时销路大开，不但风行了全中国，还占领了东南亚的市场。从此，张裕白兰地和茅台、西凤酒等名酒一起，被称为中国"八大名酒"。

张裕葡萄酒只用了短短20年就发展成这样，这不能不说是个奇迹。然而，张振勋对这些并不满足，他要向全世界证明自己酿的酒是世界上最好的酒。1915年2月，张振勋带着他的张裕白兰地，远涉重洋，来到了美国，信心十足地参加了在三藩市（今旧金山市）举办的巴拿马万国商品博览会。

经过激烈角逐，张裕白兰地毫无争议地荣获了金牌。当主持人把这一结果宣布出来时，全场掌声如潮。早已年过古稀的张振勋挺胸走上领奖台，用满是皱纹的双手捧过奖杯，激动得老泪纵横。他感慨地说了一句话："我终于如愿以偿了，酿出了世界上最好的美酒！"

·何东拾钱·

何东的母亲施氏原是宝安县人，后来移居香港，嫁给了一个英国人，于1862年生下了何东。

由于混血的缘故，何东的外貌十分像洋人。等进入学堂后，何东为了融入同学们的圈子，便假称自己是有满洲血统的中国人。

就这样，何东在自卑中念完了小学、中学、大学。大学一毕业，他就在心里暗暗发誓：一定要干出一番事业，不能再被人看不起了。

因为家庭原因，何东从小就精通英文，所以没费多大周折，他就谋到了一份怡和洋行的买办工作，帮洋人与华人作贸易，赚取佣金。

一次偶然的机会，何东得知有一间洋人公司打算出售中环的一块地皮，他赶忙跑到那家公司，毛遂自荐要做代理人。那家公司点头同意后，他就四处奔忙地去找买家，结果还真给他找到了，并很快成交，何东从中赚取了8700元佣金。

这笔钱在当时可是一笔不小的数目，但何东毫不满足。他把这笔钱全都投到了股票市场，结果又赚了几倍的钱。有了更多的资金后，何东开始买卖地皮，等他到了35岁时，身价已超过200万元。

何东有了钱之后，再也没人敢小看他了。然而何东却不因为自己有钱而大肆挥霍。他不但自己勤俭节约，还叮嘱后辈不要乱花钱，要多干事，多挣钱。

有一次，何东到下属公司巡视，之后乘汽车回家。下车时，一不留神，他口袋里的一角钱硬币掉到路边的草丛里，他赶紧弯腰去找，可找来找去，也没找到草丛中的那一角钱，最后眼看天快黑了，他才无奈地走进屋里。他的跟班躲在他背后暗暗发笑。

　　何东的脑子里始终没忘记这件事。第二天一早，他又跑到草丛中去找，这一找，又是大半天，何东的跟班开始不耐烦了，心想：没见过这么抠门的人，家里有这么多钱，别说少一角钱，就是掉100块钱也不至于这样呀。跟班悄悄地从口袋里掏出了一角硬币，乘何东不注意，故意丢在他的脚下。

　　过了一会儿，何东发现了这一角钱，兴奋地拾了起来，乐得半天合不上嘴。何东对跟班说："年轻人，多学着点，如果钱掉了不去找回来，那这钱还有什么价值呢，这就是钱和纸的区别！"

　　这名跟班虽然表面上恭恭敬敬地听着，心里却不以为然，甚至有点儿看不起何东。谁知两年后，何东竟捐出了10万大洋给国民政府，让他们去买战斗机抵抗侵华的日寇。这时，这名跟班对何东的看法彻底改变，对他无比钦佩。

　　1956年，何东去世了，他的财产已超过百亿。他只让子女继承了一部分，剩下的财产全部放进了他的慈善基金里，每年拨款千万余元，分赠给香港的100间慈善机构，为有困难的人提供帮助。

·永安礼券·

郭乐是中国百货业第一人。他在中国有"百货之王"的美称，他的百货连锁店遍布上海、香港、澳门，一时间郭氏集团名闻遐迩。郭乐从一个专贩水果的小贩，一跃成了中国百货之王，其间所走的道路颇为曲折。

1918年9月5日，上海永安百货公司开张，它以庞大的规模、豪华的气派、全新的布局以及琳琅满目的货物，轰动了整个上海。其中发生了许多故事，我们就挑其中一件来说。

元宵节前夕，郭乐打算去香港一趟，由于欠着不少的人情，他得在元宵节前送点礼去表表心意。

这天，他提了一个大礼盒，坐着黄包车，一路来到了老朋友家。

他朋友见这位上海商业界大亨亲自来道谢，一下子又惊又喜，客套话说个不停。

正热闹间，仆人来报，有个小姑娘抱了一大堆花及水果，非要见见小姐不可。

郭乐的这位朋友也是个有钱人家，就小姐一个女孩子，因此宠爱有加。

听仆人报告，小姐就撅着嘴巴道："准又是她！你就……就让她进来吧！"

仆人出去一会儿，果然进来一个十二三岁的小姑娘，看她的衣着相貌，显然是个专门送花送礼的。

小姐道："你有什么事非得一定要见我？交给门人不就得了？"

那小姑娘可怜巴巴道："那少爷吩咐要我将这封信亲手交到小姐

手里，所以……所以麻烦小姐……我们拿了人家的钱，身不由己，请小姐原谅。"

小姐看着这一大篮的花和没有10斤也有8斤的大篮水果，心里就没好气，她接过小姑娘递上来的信，撅着嘴巴道：

"又是花！又是水果！我是开花行还是开水果行的？你跟他说，我知道了，明天起不用送了！"

那小姑娘细声细气道："是，小姐这话我一定传到。"

小姐道："又说一定传到，我跟你说了多少遍了，他怎么一句也不听？今天送明天送，烦不烦？"

小姑娘不敢多嘴，又说了句"是"，就匆匆走了。

郭乐见是年轻人谈恋爱送花送水果的事，不由得笑起来。朋友对他道："有个公子哥儿一直在追求小女，天天送花送水果来。让郭大哥见笑了。换了别的姑娘高兴还来不及呢，你瞧她，还挑三拣四的。"

那小姐道："就会送这些，水果和花还能当饭吃吗？我房里都堆满了。"

郭乐的脑中灵光一闪：对啊，送礼没有挑选的余地，老是花啊水果啊什么的，的确让人讨厌，何不任人自选？要自选该怎么办？发券不就得了？

他回去后，马上印制了永安礼券，让要送礼的人买了去送，受礼的人需要什么，可去永安公司自行选择，要什么有什么。

这一改革果然大受欢迎，从此永安公司生意一下子好了许多。

可见生意人要做个有心人，要随时注意顾客的需要。

·周起鸿开"小店"·

第二次世界大战结束后,在香港无数新开的店铺里,有一家小小的"鸿福南货店",周起鸿是这户人家里最小的孩子。

在周起鸿11岁时,他父亲就因病去世了,小店顿时面临着破产的危险。为了一家人的生活,他母亲不得不咬紧牙关,硬撑着把小店开下去。

这时,周起鸿刚小学毕业,见店里缺人手,就休学回家,在店里干起活儿来。为了节省外出送货费,年少的周起鸿一声不吭地当起了"送货郎",经常送货到深夜。随着他慢慢长大,他决心要以家里的小店为基础,做出一番大事业。

周起鸿知道,小店早已入不敷出了。他仔细分析了小店经营上的缺点,觉得母亲过于保守,家里几十年卖的货物没什么变化,当然吸引不了顾客。

找到症结后,周起鸿决定集中家里所有的资金,增加新品种。首先,他把目光瞄准了人们生活必需的大米。为了让自己的大米好卖,周起鸿请来技艺高超的调米师傅,又特意在店里做了一个大米柜,安装了吹米机。店里的老伙计搞不明白周起鸿要干什么,便对他母亲说:"没见过哪个做大米生意的像他这样折腾!搞这么多花架子,不知道给谁看。"

母亲对儿子的举动也很纳闷,就跑来劝周起鸿:"你可不能再瞎折腾了,家里本钱小,做生意还是要靠心诚货好呀!"

周起鸿一拍胸脯,信心十足地说:"放心吧,我搞这些东西,就是为了让我们的货更好!"

果然,调米师傅用吹米机吹去大米中的杂物后,再往米里滴上些生油,在风力的搅动下,生油渐渐附着在了大米的表面,使米粒变得晶莹剔透，润如珠玉。顾客看到后，都赞不绝口，说米粒就像珍珠一样。周起鸿听了这话，不禁灵机一动，忙大声接着说："一点儿不错，这正是本店独家经营的珍珠米！"

从此以后，人们都知道周起鸿的店里有"珍珠米"卖，都争相前来购买，小店的生意一下子火爆起来。

初次的成功并没让周起鸿满足，他反而更留心新的机遇了。有一次，朋友在一家有名的饭店请客，当最后一道菜——常熟阳澄湖的大螃蟹端上来后，在座所有人都欢呼起来。周起鸿就想，既然大螃蟹这么受欢迎，我为什么不经营螃蟹生意呢？

回去后，周起鸿就仔细分析起经营螃蟹的利弊来，最后认为最大的弊在运输方面，因为螃蟹离水时间一长就会死。于是，他决定采用飞机运输。虽然运费涨了，但螃蟹的死亡率可以降到5%，这样一来，利润反而会高。

为了让螃蟹尽快卖出去，周起鸿找到一家大饭店的老板，对他说："我知道你怕不能保持螃蟹的鲜活，所以，一次不敢进太多的螃蟹，我想了一个办法，就是由我掏钱在你的饭店做一个冰柜，你看行不行？"

那老板一听，顿时眉开眼笑："当然可以，只要你能保证大螃蟹的鲜活，有多少我就要多少！"就这样，周起鸿靠他过人的智慧，只一个秋季，就在螃蟹生意上狠赚了一笔。

几年后，周起鸿把生意红火的南货店卖给了别人。他认为自己不能束缚在这个小店里，应该到外面更广阔的天地去闯一闯。

为了寻找信息，周起鸿常到附近的街市去观察，结果发现有的地段，店虽处于闹市中心，生意却非常清淡。他想了半天，怎么也理不出头绪，就去拜访行家。没想到这看似不起眼的问题却包含着大学问，从此，他潜心学习起"营销学"、"市场学"、"社会学"等新知识。等掌握了这些知识后，周起鸿做出了一个惊人的决定：他要承包整条街市！

周起鸿用自己独特的构想对所承包的街市进行了改造，没多久，这条街就变了模样，成了香港数一数二的热闹街市。后来，周起鸿成了香港家喻户晓的"街市大亨"。

·天才商人胡文虎·

你知道我们经常使用的万金油是谁发明的吗？是一个叫胡文虎的人，他靠万金油成了东南亚著名的大富豪。

胡文虎1882年1月出生在缅甸的仰光，祖籍在中国福建省永定县，长辈因家里穷，便举家漂洋过海，落户在仰光。为了生活，他的父亲开设了一家永安堂药铺，销售一种名为"玉树神散"的中成药。

胡文虎10岁那年，父亲把他送回了家乡，让他接受中国传统文化教育。4年之后，胡文虎回到了仰光，开始帮父亲料理药店的事务。渐渐地，他对医药产生了浓厚的兴趣，谁知没几年，他父亲突然去世了。家中失去了顶梁柱，药店也失去了支撑，虽然胡文虎苦苦经营，但生意一天不如一天，眼看就要倒闭了。

胡文虎当然不甘心就这样失败。一天，他到外面办事，看到一个装仁丹的药袋，心里猛然一动：日本生产的仁丹治疗中暑的效果不错，又便于携带，所以销量一直都很好。要想重振永安堂，就得研制出像仁丹一样的药品来。

想到这儿，胡文虎激动得要命，赶紧跑回家，把这个想法告诉了母亲。母亲听后，沉默了很长时间。她知道研制一种新药谈何容易，万一失败，全家人就得上街讨饭。见母亲犹豫不决，胡文虎便一次又一次地耐心说服，最后终于说动了母亲。母亲拿出了家里最后一点积蓄，含着眼泪交给了胡文虎，一再叮嘱他要小心。

接过这沉甸甸的钱，胡文虎踏上了创业的道路。他先跑到周围地区考察一圈，然后决定研制一种对治疗暑热病有特效而且价格又便宜的中药。经过几个月的呕心沥血，一种能治晕车晕船、头痛发热的新药被研制出来，他第一时间把喜讯告诉了母亲。

母亲看着儿子的新药，问："你为这个好药起了什么名字？"

胡文虎想了片刻，说："它有这么多的治疗功效，干脆就叫它'万金油'吧！"

母亲点点头，赞许地说："不错，这个名字叫得响！商标也干脆用你的名字：'虎'牌万金油！"

第二天，胡文虎便把药店改名为"永安堂虎豹行"，开始批量生产"虎牌万金油"。但是，由于万金油是一种新事物，不容易被人们接受，因此销量差得要命。不得已，胡文虎只得每天提着药箱，挨家挨户地去推销，可买的人还是少得可怜，为此，胡文虎伤透了脑筋。

当时是盛夏，许多穷人患了热病又没钱治疗，只能买日本的仁丹服用。万金油的效果要比仁丹好许多，为什么人们宁愿买它而不买万金油呢？胡文虎仔细分析了一下，突然醒悟：自己没做广告，难怪没人知道万金油的好处！想到这儿，他立刻采取了对策，一边把万金油免费赠送给一些穷人，一边印制广告宣传画，四处张贴。

免费的万金油治好了许多穷人的病，他们都成了胡文虎的义务宣传员，再加上张贴出去的广告，虎牌万金油就像一阵风一样，传到了每个人的耳朵里。一时间，万金油销量猛增，永安虎豹堂的生意也火爆起来。

万金油的成功让胡文虎更是干劲十足，接着他一口气又研制出"头痛粉"、"八卦丹"、"清快水"等新药，并在新加坡筹建了永安虎豹堂的总行。此时的胡文虎已是腰缠万贯，成了东南亚一带响当当的大老板。

·珠宝大王郑裕彤·

　　郑裕彤是香港珠宝行业的巨子，有人说他的家产有150亿港币，也有人说他的家产超过了300亿，具体有多少，连郑裕彤自己都说不清，但有一点，人们是清清楚楚的，那就是他的这些财产都是靠他拼命工作积攒下来的。

　　1925年8月26日，郑裕彤出生在广东顺德县一个贫穷偏僻的小镇，家境贫寒，在他8岁那年，全家人都离开家乡，到澳门谋生。他小学刚毕业，母亲便无可奈何地对他说："别上学了，你是小大人了，该出去干点零活，挣钱养家了。"

　　1940年，15岁的郑裕彤来到"周大福金铺"当学徒，起先他干些扫地洗厕所之类的杂活，只能在空余时间学习如何做生意。因为他做事勤快，头脑聪明，什么事一教就会，所以很受老板的喜欢，但这招来了同事们的妒忌，他们对郑裕彤特别留意，想抓住把柄告他一状。

　　把柄还真给抓住了。有一段时间，郑裕彤早晨上班总是气喘吁吁的，还老爱迟到，同事们毫不犹豫地跑到老板面前说，郑裕彤当学徒不安心，很可能还在外面为别人干活儿。

　　老板一听，顿时火冒三丈，特意一大早来到店里。果然，这天已经开工好长时间了，才见郑裕彤一头大汗跑来。老板把脸一沉，大声责问道："你干什么去了？不想在我这儿干就早说！"

　　郑裕彤上气不接下气地解释说："我看人家珠宝行做生意去了。"

　　老板望着他，不禁有点好奇，忍不住问："那你看出什么名堂来了吗？"

郑裕彤点点头，一脸严肃地说："我发现别人家的生意比我们这里做得精明，只要客人一进门，店里的领班和伙计马上就笑脸相迎，客气得不得了，而且不管生意大小，都一视同仁，即使生意做不成，也给顾客留下了一个好印象。所以我觉得做生意一定要像他们一样，礼貌待客，细致周到。"

老板听得频频点头，心里暗暗佩服，这个做生意的诀窍，竟能从一个小学徒嘴里说出来。他想了一会儿，又问："光是这些？"

老板脸上的笑容让郑裕彤的胆子一下子大了起来，他说得更加兴致勃勃了："当然还有！店铺一定要选在人多的地方，而且门面还要装潢得新颖别致，尤其是珠宝行更要豪华气派。我想咱们店也得这样搞。"

从那以后，老板对郑裕彤更是另眼相看，认定这个小伙子将来会大有前途。就在那天晚上，老板塞给了郑裕彤一个红包，里面装着他对郑裕彤的奖励。没多久，郑裕彤便被提拔为店里的主管，等他成年以后，老板又把女儿嫁给了他。

又过了几年，老板在香港开设了一家分店，让郑裕彤去独当一面，分店的生意果然被他做得红红火火。20世纪50年代中期，郑裕彤接管了周大福珠宝行的所有财务，并负责黄金的交易和钻石、珠宝生意。经过十几年的苦心经营，郑裕彤的经验越来越丰富，业务也越来越广，岳父见他的成绩喜人，就放心地把生意全交给了他。

直到此时，郑裕彤才真正开始大展拳脚，他把自己每周7天的工作日程排得满满的，连半天的休息也没有。为了成为名副其实的"珠宝大王"，他亲自前往钻石的故乡——南非，动用巨资买下了一家钻石加工厂。到今天为止，他已经成为香港最大的钻石商，"周大福珠宝"也成了世界著名的品牌。世界各地的报纸纷纷形容他庞大的商业王国是由光芒四射的钻石堆砌而成的。

郑裕彤获得的巨大成绩，让他母亲无比自豪，当有人夸郑裕彤的运气好时，她却摇着头说："你们只看到我儿子幸运的一面，却永远看不见他工作起来拼命的样子。"

·邵逸夫创业记·

在广州、香港、台湾和东南亚地区，邵逸夫的大名妇孺皆知。邵氏电影公司，每年拍摄大量影片投放市场；香港无线电视，从早到晚不停地制作、播放各式各样的节目。这两大公司的老板都是邵逸夫先生。

邵逸夫原名邵仁楞，浙江宁波镇海人，1907年在上海出生，他的父亲邵玉轩是上海有名的染坊老板，家里很有钱。

由于喜爱看电影，邵玉轩买下了上海一家即将倒闭的剧院，经营起电影片子的进出口生意。这时，邵逸夫和他的几个哥哥都受到了父亲的影响，纷纷投身到了电影事业中。

半年后，邵逸夫的大哥邵醉翁创立了"天一影片公司"，并让几个弟弟也加入进去。

邵醉翁并没让弟弟们来当小老板，而是对每个人做了分工。邵逸夫被派去搞后勤。这后勤工作比邵逸夫想像得难多了，除了打扫卫生、管理道具，还得随时打杂，有时得跑上几十里路去借一件道具。回来晚了，还要受演员的责备。他不愿向大哥诉苦，因为生性好强的他不愿意让哥哥觉得他连这点小事都办不好。

后来，哥哥又把他调到了放映组，专门跑片源。两年后，邵逸夫把电影公司的每个部门都摸熟了，为他以后的创业，打下了基础。

一次，担任营业经理的三哥邵仁枚正为公司拍摄的影片销路不畅犯愁。邵逸夫得知后，跑来给三哥出主意：为什么不把影片卖到东南亚一带呢，那里也有很多华人呀。

邵仁枚一拍大腿，连夸邵逸夫脑子转得快。他立刻带上影片，当晚乘船前往新加坡。邵仁枚带来的影片在新加坡果然大受欢迎，他顿时忙得不可开交。于是，他打电报到上海，让邵逸夫赶快到新加坡来帮忙。

邵逸夫接到电报，高兴极了，立即赶到新加坡。为了增加影片的放映场次，他和哥哥像苦力一样，整天扛着电影机，哪里华人多，就到哪里放映，把当时新加坡的大小乡镇都跑遍了。

他们终于在新加坡站稳了脚跟，邵氏机构也在新加坡挂牌成立了。接着，他们又买下两家剧院，专门放映天一公司的电影，再也不用像过去那样到处奔波了。

1929年，美国的经济危机引发了世界性的经济萧条，新加坡也受到了冲击，邵氏兄弟的电影院更是陷入了危机。为了保证上座率，电影院只能靠降低票价来吸引观众。

邵逸夫知道，这样下去公司很可能被拖垮。经过一番慎重的考虑，他向哥哥提议拍摄有声电影，因为当时只有西方国家才有有声电影，而东南亚一带的电影还停留在"哑巴时代"。

这个提议让哥哥大吃一惊。要知道，拍摄有声电影，就意味着要加大电影的投资成本，在这种不景气的情况下，风险实在太大了。

看着哥哥犹豫不决的模样，邵逸夫说："就是因为电影市场不景气，大家都不敢拍有声电影，所以我们正好乘虚而入，抢先一步。"

事到如今，只有孤注一掷了！哥哥狠狠心，接受了邵逸夫的建议。

邵逸夫立即行动，为了拍好有声电影，他远渡重洋，到美国考察了一番，回来后，终于拍出了中国第一部有声电影《白金龙》。电影一放映，便大获成功，邵氏兄弟的电影院里又恢复了往日的兴旺。

一转眼，又是十多年过去了，邵逸夫在东南亚的电影公司办得红红火火，但他并不满足。他把目光瞄准了香港，决定到那里去建立他的"东方好莱坞"。

1959年，邵逸夫的"邵氏兄弟电影公司"在香港成立了。他凭着多年的经验，使业务飞速发展，横扫业内的所有对手。他还进军香港的电视广播事业，把电影制作和电视片制作结合起来；接着他又杀入了香港的股票市场和房地产业，一跃成为香港十大首富之一。他不仅会赚钱，也会"花钱"。他每年向社会捐款数额惊人，受到了政府和人民的赞扬。

·曾宪梓的领带梦·

1968年，34岁的曾宪梓从广东来到了香港。他像每一个香港人一样，每时每刻都在做着发财梦，但要想在竞争激烈的香港有所成就，简直比登天还难。

经过一番调查，曾宪梓选中了领带，因为他发现香港人对领带非常讲究，但香港市面上所卖的领带大多数都是从国外进口的，本地能生产领带的企业少得可怜，所以，生产领带的念头便在曾宪梓的脑海里萌发了。

拿定主意后，曾宪梓便用口袋里仅有的6000港币买来了缝纫机，又买了些面料，把自己租来的房子一隔为二，一边当卧室，一边当工厂，由自己设计、缝制、熨烫起领带，就这样，"一人工厂"正式开张了。

头一批领带做出来后，曾宪梓拿到一家商店去推销，谁知商店的经理一看，报出了一个难以让人接受的价钱。曾宪梓当场就傻了眼，这个价钱别说赚钱，就是保本都困难。那经理见曾宪梓一副不情愿的样子，便把进口名牌领带拿出来给他看，相比之下，曾宪梓的领带用料低廉，款式陈旧，的确上不了大雅之堂。

这次推销让曾宪梓震动很大，他决心生产高档名牌领带。第二天，他不惜高价买进了一批法国高级面料，以外国名牌领带为原形，融入自己的设计，重新制作了4条领带，然后把它们和外国名牌混在一起，拿给一位专家鉴定。

那位专家看了半天，最后一口咬定这都是进口产品，并且很有把握地说："香港的领带业我最清楚，像这样面料讲究、做工精良、质量上乘的领带，当然只有外国才能制作出来。"

曾宪梓听他说完，才把真相全盘托出，那位迷信外国货的行家听了，嘴巴张得老大，怎么也不相信。

虽然领带的质量达到了标准，但销路却很不理想。曾宪梓奔波多日后，才悟出道理：自己的产品不是名牌。于是他灵机一动，跑到一家百货公司，对经理说：只要能把自己的领带和进口领带陈列在一起，价格可以随意定。

对这种好事经理当然愿意，第二天，曾宪梓的领带就和许多外国名牌挂在了一起。果然不出曾宪梓所料，他的领带一下子吸引住了购买者，因为不管是做工还是面料，都和外国货相差无几，最重要的是价格竟要比外国货便宜一大截。

随着购买者越来越多，曾宪梓的名字也被许多领带经销商熟知，他们纷纷订购他的领带，一时间，香港市面上刮起了一股抢购曾宪梓领带的热潮。趁着这个时机，曾宪梓把自己领带的价格提高了1/3，可就是这样，还是供不应求。他迅速扩大工厂的规模，招募了一批工人，同时把产品命名为"金狮"牌。

虽然领带热销了，可曾宪梓还是无意中发现了一个问题，就是有的顾客把"金狮"领带拿在手里，看了半天，哪怕找不出一点毛病，就是不肯买。这到底是怎么回事呢？带着这个疑惑，他请教了朋友。

朋友一听，哈哈大笑。原来问题是出在"金狮"这两个字上面，因为香港人发音时，把"狮"念成"蚀"，所以"金狮"就变成了"金蚀"，这在广东话里是赔本的意思。香港人都喜欢图个吉利，当然谁也不愿把赔本的玩意儿挂在自己脖子上。

曾宪梓恍然大悟，毅然放弃这个容易被人误解的牌子。他把自己关在家里苦苦研究了几天，决定按"金狮"的英文读音来为自己的产品命名，就这样，"金利来"，这个世界著名品牌诞生了。

"金利来"的问世，把曾宪梓的事业推向了更高的巅峰，再也没有人能挑出他产品的毛病，购买者越来越多，戴"金利来"领带已经是一种时尚了。

就这样，曾宪梓成功了，他在小小的领带上做足了文章，终于成了世人皆知的亿万富翁。

·包玉刚诚信为本·

　　"世界船王"包玉刚处事一向稳健，以恪守信用为准则，对那些背信弃义、不守信用的人，他也决不宽容。"不，你不用再来了！"他总是用这句简短而有效的措词，冷冰冰地对待那些不守信用的小人。因此，有人形容包氏是一座冰山，坚硬而透明。

　　这里讲的，就是他恪守信用的一个小故事。

　　1956年，当时包玉刚刚刚买到"金安号"货轮。包氏一向遵循宁可少赚点钱，也不冒大风险的经营原则，所以，他将手中的船都与他人签订了长期的包租合同。

　　有一天，一位朋友来求他，要他租一艘货船给一位港商。因为那位港商近期生意繁忙，急需要有艘货船做运输。

　　包玉刚对那位港商并不了解，只听说那人喜好搞买空卖空，没有什么经济实体，也没有固定厂址。香港人爱称这种人开的公司为"泥鳅公司"，即滑得捏不住。包氏本不想租船给他，可架不住朋友三番五次来说情，碍于朋友的情面，包氏答应临时性将船租给那位港商，并商定租赁期限为6个月。那位港商对包玉刚千恩万谢，并在他和朋友面前发誓，决不逾期。

　　很快，6个月的租赁期限到了。可是那位港商并没有按时把船还给包玉刚。包玉刚打电话催他，他百般找借口，拖延还船时日。

　　原来，租约到期之日，正是埃及将苏伊士运河收为国有的时候。苏伊士运河一关闭，立即引起船运费飞涨。那位港商正是想趁这机会多捞些运输费。

　　这使包玉刚非常生气。为了缓和与包氏间的紧张关系，那位港商主动要求将租金抬高一倍，并且预付租金。但在金钱和信用这架天平上，包玉刚毫不思索地站在信用的立场上，拒绝了港商的利诱。

那位港商见此计不成，又心生一计，甩出一大叠钞票，请包玉刚将船再租给自己一段时间。当时的包玉刚并不是富豪，那一叠花花绿绿的港币对他来说的确有些分量。但包氏仍不屑一顾。他将双眼一瞪，盯着对方，冷冰冰地说：“先生，请把钱收回去。你不必再登门磨嘴皮了。即使你把租金提高10倍，我也不会再租给你了。我不欢迎你！”

说完，他就自顾自地打电话通知手下，将租给那位港商的货船检查一下，尽快驶回公司所在的码头。

“姓包的，算你狠！”那位港商见包玉刚如此不给自己面子，气急败坏地嚷道。

“那你何必跑来白费口舌！先生，请你出去！”包玉刚做了个请的手势。

就这样，那位港商灰溜溜地走了。

包玉刚立即按原计划，把船租给了另外一家信誉较好的航运公司，依旧执行他的低租金长合同的经营方针。

·少年李嘉诚·

成功不是天神的恩赐，它只偏爱那些苦苦追寻它的人。

香港首富李嘉诚，正是从苦难中磨炼出来，从一无所有中靠自己的智慧与辛勤发展起来的。

李嘉诚出身于一个清贫的小学教员家庭，13岁时父亲病逝。俗话说，"穷人的孩子早当家"，"长子为父"。作为家中老大的李嘉诚从此担起了家庭重担，上需体贴体弱的母亲，下要照顾年幼的弟妹。

一位茶馆老板看他们一家实在可怜，就动了恻隐之心，收留小嘉诚在茶馆里当了一名跑堂。从此，李嘉诚踏入了纷繁复杂的社会，开始了他顽强拼搏的人生旅程。

茶馆是三教九流云集的地方，机灵的小嘉诚在茶馆干了两年，耳闻目睹，学到了许多社会知识，也学会了如何与各种人打交道。

一天，茶馆老板将李嘉诚叫到身边，语重心长地说："阿诚，在茶馆干是不会出头的，你也15岁了，得做点正经事儿了，否则可惜了你的聪明。"小嘉诚也有此想法。

于是，茶馆老板又将李嘉诚介绍到朋友开的一家塑料玩具厂做学徒。由于小嘉诚的勤恳敬业，再加上善于待人接物，因此没干两年，就被老板提升为业务员，具体负责对外销售工作。

业务员其实就是推销员。当时商业信息网还不发达，产品销路都是靠两条腿跑出来的。李嘉诚在茶馆跑上跑下跑了两年，因此对于跑腿他一点也不怕累。但当时香港这种推销员很多，个个能说会道，而且脸皮很厚。他们敲开一户人家或拦住一位行人，就眉飞色舞地对自己的产品说上半天，效果却不是很好，而用户们对这种推销很厌烦，总不给他们好脸色，有时甚至恶言相加。

李嘉诚是个极其灵活的人，苦难的生活又使他比较早熟。他在推销过程中逐渐发现了这种现象，于是就替自己定下一条规矩："别人不想买东西时，无需三番五次地劝人家，要做就要一口气做成功，不让人家给推掉，也不让人家厌烦。"这样，他在推销产品前就要想出好几套推销的办法。

而想出不同的推销方法，不是轻而易举的事情，需要动脑，肯下苦工夫才行。

有一次，厂里生产出一批新式的塑料洒水器。这批产品质量可靠，价格也公道。但产品的销路一时没有打开。一天，李嘉诚拎着几只洒水器走在路上，在想用什么办法使人们能接受这种优质的产品。他边走边想，不觉来到一座办公楼前。

咦，办公楼中每个办公室都需要洒水器，不正是最大的消费群体吗？可是该怎样让他们接受这种产品呢？

李嘉诚灵机一动，想出了个好办法。他装出一副着急沮丧的样子拉住一位从办公室出来的年轻人，对那人说："先生，你能不能借我用一下你们办公室的水龙头？"

"你用水龙头干什么？"那人停下来问。

"我是塑料玩具厂的推销员，这两只洒水器被我不小心摔了一下，我怕摔坏了，想借你们的水龙头检查一下。要是真的摔坏了，那就要赔了，可我怎么赔得起啊！"李嘉诚向那人扬了扬右手里的两只洒水器，并用力做了一个甩手的动作。

"你那么用力地甩出去，我看八成是保不住了，你若要试，我就带你去试吧。"那位年轻的职员一边说一边带李嘉诚走进办公室。

在办公室里，李嘉诚将手中的两只洒水器分别接在水龙头上，做起现场表演来。那位年轻职员的同事都纷纷好奇地围拢上来。

李嘉诚按住洒水器手把上的按钮，几十股细流立刻均匀急速地从莲蓬头上喷洒出来。李嘉诚又按了几次调节钮，那水柱一会儿洒得远，一会儿洒得近，而且莲蓬头还能左右转，使用起来灵活方便。

　　那位年轻职员和他的同事都被李嘉诚手里的洒水器吸引住了，直夸这个产品好，很快将李嘉诚手中的货买了个精光，末了，还让李嘉诚第二天再给他们拿些过来。李嘉诚的这一招一下子使他推销出去几百只塑料洒水器，产品的销路一下子打开了。

·塑料花大王学艺记·

　　人们都知道李嘉诚是位香港大富豪，他涉足房地产、航运、建筑等许多领域，建立起自己的庞大企业，但人们也许不知道，他发家起步于塑料花。他在20世纪50年代末，曾被人称为"塑料花大王"，而为了做这个"大王"，他还有一段求学故事呢。

　　20世纪50年代中期，20岁出头的李嘉诚已是一家塑料玩具厂的总经理。但在别人手下干，永远不会出人头地。少年老成的李嘉诚毅然放弃那里的优厚待遇，用借来的钱买了一家小小的塑料厂，取名"长江塑料厂"，自己干起来。

　　一个工厂要发展，必须要有自己的特色产品。李嘉诚心里非常明白这一点。他决定认真考察市场行情，为自己的工厂寻找一条崭新的路子。

　　一次，他去拜访一位刚从英国留学回来的儿时伙伴。在那位朋友家里，他看到一束非常美丽的塑料花。那束由月季、马蹄莲、仙客来、勿忘我组成的塑料花，做工精致，色彩艳丽，形态逼真。李嘉诚不觉伸手将它拿在手里仔细端详起来。朋友见他对这束花如此感兴趣，就随口告诉他，这塑料花是他从英国带回来的，目前在欧美市场上刚刚兴起，可在香港买不到。如果李嘉诚喜欢，他可以托其他同学带回来一束。

　　说者无心，听者有意。李嘉诚听朋友这么一说，心里不由地思量起来：如此美丽的塑料花，投放市场一定大受欢迎，而且现在欧美国家才刚刚兴起，估计用不了多久，这股风一定会在香港刮起来。我何不捷足先登，生产这种塑料花呢？

如此一想，李嘉诚立即打理好小塑料厂的业务，打点行囊，直飞英国，到那里去学习塑料花的制作工艺。

来到英国，他人生地不熟，如果贸然进厂，要求学习制造塑料花的技术，必定会被撵出来。李嘉诚知道，在产品刚刚兴起阶段，产品的生产工艺是保密的，因为这直接影响到厂家的经济效益。李嘉诚站在英国最大的塑料花制作厂家门口，一时没了主意。

既来之，非把手艺学到手不可。否则这几千块钱的路费白花不说，小厂的命运也岌岌可危。于是，李嘉诚一边在英国街头打短工，维持生计，一边等待机会。

苍天不负有心人，一个星期后，由于市场塑料花供不应求，这家工厂决定扩大生产规模，招收10名临时工来帮忙穿花。李嘉诚急忙前去应聘。由于他年富力强，很快就被招进去了。可是穿花工并不需要技术，只要你心灵手巧，能吃苦就行。

英国企业里工作制度非常严厉，工人不得窜岗。由于各个车间工作牌颜色不同，如果你出现在别的车间很容易被发现，会被开除。

不能学到工艺流程，进了厂也是竹篮子打水一场空。市场是瞬息万变的，时间花不起啊，这可怎么办？李嘉诚又忧心忡忡。

先干几天再说吧。一天，李嘉诚在车间里埋头穿花，脑子里却在不停地盘算如何尽快地学到全部手艺。正在这时候，一名黑人妇女拎着拖把走进穿花车间，她是刚聘进来的临时工，因为原先那个清洁工嫌打扫卫生不体面，硬要到穿花车间来，所以只能从临时工中抽出一名来搞卫生。看着这名清洁工不满意地嘟哝着，李嘉诚突然有了主意。他趁清洁工拖到自己身边时，叫住了这位黑人妇女，问她是否愿意和他换个工作，因为自己一个大男人干穿花的活儿实在不适合，他宁可拖地倒垃圾，反正都是挣钱。那位妇女早就嫌打扫卫生又苦又脏，见李嘉诚愿意同她换工作，马上向上司反映。上司看了看李嘉诚那双粗壮有力的手，同意了两个人的要求。这下，李嘉诚可高兴了。殊不知，清洁工虽累，但行动自由，各车间可畅通无阻。李嘉诚看中的正是这一点。

　　从那以后，车间里总是晃动着李嘉诚勤勤恳恳扫地拖地的身影。不仅如此，他为人热忱，干事勤快，每每干完一个车间的卫生，还跑前跑后地替工人们打开水、拧毛巾，那些老工人们都特别爱和他打交道，乐意回答他各种有关塑料花制作的问题。

　　不知不觉，一个多月过去了，李嘉诚已经熟练掌握了塑料花制作的全过程。有时，一些临时有事的工人还私下请李嘉诚替他们接会儿班。就这样，李嘉诚在这家工厂又干了半个月，之后托辞老家有事，辞职飞回了香港。

　　大意的英国人怎么也没有想到，这位干清洁的小伙子日后将成为"世界塑料花大王"，成为全球最大的塑料花集团的老总。

　　不出两个月，李嘉诚厂里源源不断地生产出美丽逼真的塑料花，一投放市场，就被香港市民抢购一空。这一年，李嘉诚的塑料花走进了千家万户，连最普通的居民家也插上了他家生产的廉价而漂亮的塑料花。

　　李嘉诚的大名，也随着塑料花飞进了各家各户；李嘉诚的财富，也如雪球般地越滚越大。

·霍英东的创举·

霍英东，是香港超级富豪，在内地有很高的声誉。他有一个传神的封号——香港大亨。这个头衔一方面源于他数十亿港币的家底，另一方面是因为他对内地文化教育和慈善事业支持极多，贡献极大。

霍英东出身贫寒，运气也似乎不是很好。他在30岁之前，过的是克勤克俭、精打细算的温饱生活。但要赚大钱的念头从未在他的脑子里消失过。

1954年，是霍英东一生的转折点，这一年他31岁。

当时，他看到战后世界形势趋于和平，房地产业前景广阔，就决心进军房地产行业。他以两年来买卖剩余物资积存下来的资本，又向母亲借了一笔钱，在铜锣湾买下一幢楼，筹建起立信建筑置业有限公司，开始了他的第一次真正创业。

一开始，他也和别人一样，自己花钱买旧楼，然后将旧楼拆掉，建筑成新楼后逐层售出。这样子售楼，资金周转慢，而且见效不快，因为一般只有有钱人才能购置物业。买一套房子，你得一次性付清款，当面交钱，当面接房，少不得一丝一毫，拖不得一时半刻。这样，就大大局限了买卖双方，一方面许许多多中产阶级想购置房子，可是一下子又筹不到那么多钱，只好缩在旧房中望楼兴叹；另一方面，售楼公司又因为有钱人不多，许多楼售不出去，资金被积压而望楼兴叹。

霍英东在投身于房地产行业之前，没有考虑到房产中供与求之间的这种特殊关系。当他着手做房产生意后，才觉得这种局面令他很被动。自己的资金少，不能没日没月地让资金积压在售不出去的楼盘里，而且这样慢的资金周转，大大束缚了他想大干一番的雄心壮志。看来房地产经营方式的改革势在必行。可又怎么改呢？霍英东一时也理不出个头绪来。

一天，他又像往常一样，按时到建筑工地视察。正在这时候，一位原先的老邻居到工地上来找他，说是有急事要霍英东帮忙。

霍英东一向乐于助人，见昔日邻居有难，当然是热心帮助，他扶老邻居来到办公室，让他坐下，倒上茶水，然后问道：

"阿伯，多年不见了。不知您有什么事要我帮忙？"

老伯愁容满面地说：

"阿泰（霍英东原名官泰），我来求你也是万不得已，只有你能帮我了。"

霍英东安慰道：

"阿伯，你有话尽管讲，我一定尽力帮你。"

老伯见霍英东一脸诚恳，就把话讲开了。原来，老伯的小儿子要结婚了，可是老伯家哪有多余的房子来做新房。原先的一间大筒间，已隔成三间鸽子笼一般的房间，住着大儿子、二儿子和自己老两口三户人家。小儿子就因为没房子，所以婚事一拖再拖。如今，儿子都快30岁了，再不结婚，女方家要有意见了。可是结婚又没房子，想买房子又一下子交不出这么多的款，真是愁煞老人家了。

"所以我只能来求你，请你能否考虑用分期交款的方式售层楼给我。我知道这个办法很荒唐，但我真的没法一下子拿出这么多钱来。我是绝对不会赖你的钱的，看在老邻居的份上，你就帮我一把吧。"老伯近乎乞求的口吻让软心肠的霍英东差点掉眼泪。

霍英东对老伯说：

"阿伯，你说什么话呢？这个忙我一定帮你。只是我这幢楼要一个月后才能完全竣工，不知三仔的婚事能否放在一个月后。"

老伯感激地说：

"行行，只要你能把这楼卖给我，婚事再拖一个月，我想女方家人应该可以说通。谢谢你了，阿泰。要么我先付些订金，到时候我再来交第一期的房款，你说可不可以？"

"阿伯，你忙什么。这房款我同意你在15年之内按10次交清，好不好？"霍英东阻止住忙着掏钱的老伯说。

老伯高兴地说：

"太好了，太好了。那我们签个合同吧！"

签了合同后，霍英东送走老伯，独自坐在办公室中思想开了。对啊，老伯所说的售楼方式，不是一种很先进合理的房产经营方式吗？先收取欲购房者的订金，利用这笔钱去盖楼，在大楼盖成之后再补交完房款。为照顾经济困难者，还可以采用分期付款的方式，分3年或5年来付清房款；在未付清房款之前，房屋产权仍为售楼公司所有。这样既集中资金，又推动销售，而且资本周转快，真是一举多得。霍英东将其称为房地产的工业化。

这个创举使霍英东的"立信建筑置业有限公司"立即忙碌起来，房地产交易量翻番提高，一举打破了香港房地产生意的记录，他开发的房产也遍布全港，霍英东从此踏上了成功之路。

·敢为人之不敢为·

在香港超级富翁中，霍英东是事业起点最低的。他本是个船民的儿子，父亲兄长均葬身鱼腹，他是由母亲拉扯成人的。当许多香港人已腰缠万贯时，他还在为果腹而奔波。他的成功完全是凭着自己的勤奋与智慧拼出来的。

霍英东敢冒险，敢为人之不敢为。正是这种"拼命三郎"的精神与毅力，才使他赤手空拳在香港这个竞争激烈、高手如云的弹丸之地打出了自己的一片天下。

霍英东向淘沙业的发展，就是他敢为人之不敢为的真实写照。

20世纪60年代初，香港工商界人士一般不敢问津淘沙业。因为这个行业需要招用大量的劳动力，投资大，获利少，要是遇上恶劣的天气，弄不好来个"船翻人仰"，那可就得倾家荡产。如此大的风险，要不是实在想钱想疯了，一般人是不愿去冒这个险的。

但霍英东却不这样认为，当时他的房地产生意正做得红红火火，而整个香港到处都在拆屋建楼，建筑业异常发达。而黄沙作为一种必不可少的建筑材料，市场前景是光明的，因此淘沙业大有前途。别人不敢做，又正好减少竞争对手，霍英东决定去吃这个"螃蟹"。

1961年年底，霍英东去英国考察教育和建筑商务。此番去英国，他特地坐上由香港到曼谷，再由曼谷去英国的航班。因为泰国是当时的海沙出产大国，香港建筑业的黄沙大部分是从泰国进口的，所以他要在曼谷停留，去考察一下淘沙业的情况。

在曼谷浅海区的淘沙场上，展现在霍英东眼前的不是一群群衣衫褴褛、皮肤黝黑的劳力们在辛苦劳作的情景，而是一艘艘大型挖沙船在"轰轰"的马达声中有规律地操作着，那长长的铁路膊一下子伸入海底，一会儿又"捏"着满满的海沙从海面伸出，甩进船的尾舱，不用一个小时，就可以挖满一舱，然后驶到海滩沙场，用输送机将满舱海沙卸出，挖沙船片刻工夫又驶回浅海挖沙区。

霍英东被眼前的景象迷住了。是啊，现在许多行业都实现机械化，为什么淘沙业就不能实现机械化，看来自己真是"井底之蛙"，太不关注世界发展了。

事不宜迟，他立即来到泰国政府港口部，向他们申请购买一艘大型淘沙船。由于淘沙业是泰国的拳头产业，泰国政府10%的收入是由这个行业创造的，而且这种全机械化的淘沙船是泰国所特有的，要是卖给别的国家，不是就让对手增加了竞争实力吗？所以当霍英东提出申请时，港口部拒绝了。

时间紧迫，飞往英国的班机30分钟后就要起飞，那边也有好多事务等着霍英东去处理，耽误不得。这该如何是好？霍英东坐在车子里面想。

"对！直接找沙场主，高价买他的旧淘沙船。"霍英东突然想出个办法。

主意打定，他叫车直赴曼谷沙场，找到沙场主，说明来意，并告诉他愿出高出新淘沙船的价格，收购他一艘八成新的淘沙船，并与他达成合作协议，具体事项，等霍英东从英国回来再谈。那位沙场主答应霍英东从英国回来时给他明确答复。

5天以后，霍英东又来到曼谷，那位沙场主答应替霍英东买艘淘沙船，但条件是他要拥有霍英东沙场10%的股份。霍英东考虑了一下，觉得这个条件不算苛刻，就答应了。第二天两人签订了协议。那位沙场主花了半天工夫就替霍英东购得一艘大型淘沙船"哈克顿号"。霍英东登上这艘威风凛凛的大挖沙船，兴奋得将其改名为"有荣四号"。

第三天，当霍英东将这艘长280英尺、载重2890吨、以120万港币购得的庞然大物驶进香港港口时，全港工商界一片哗然。亲朋好友都替他捏了一把汗。花费120万元的巨大投资，用于风险很大的淘沙业，万一血本无归怎么办？可霍英东毫不理会，投资淘沙业花费是大了些，但风险却并不大，因为他使用的是现代化机械。

果然不出所料，"有荣四号"大显机械化的神威，源源不断地从海底淘出沙来，那微不足道的沙子，一上岸就为霍英东换取了巨大利益。"有荣四号"成为传说中的淘金船。

霍英东并未因此而陶醉，他又不失时机地研究了淘沙船的结构原理，向世界名厂订购了一大批更先进的淘沙机械船。两年多时间，霍英东就拥有80多艘的庞大船队，其中包括20多艘淘沙船。不久，他又获得了香港海沙供应的专利权，从此垄断了香港的淘沙业。

香港经济在20世纪60年代起飞，高楼大厦如雨后春笋，房地产业蓬勃发展，这些均离不开海沙。霍英东这位敢吃螃蟹的人，终究尝到了敢为人之不敢为的甜头，成为"海沙大王"。

·谣言不攻自破·

胡忠这位香港交通业巨子和地产界的杰出人才，出身竟是一个小猪倌儿。像胡忠这样"一清二白"出身的富翁，在香港是很少见的。他就是靠自己的为人与汗水打下了这片天地。

1927年，胡忠鼓足勇气用全家所有的积蓄1000元现金，买了辆二手汽车，自己驾驶，真正闯入交通界。此后，因为他待人诚恳，乐于助人，很多像他一样单干的出租汽车司机都跟他交上朋友。胡忠为人聪明，很有经济头脑，他将这些单干户组织起来，成立了一家正规出租车公司。至此，胡忠的创业真正走上正规渠道。

几年后，胡忠已成为湾仔区出租车行业的牵头人物。人出了名，事情也就多了。关于胡忠迅速发迹，当时流传了许多说法。而其中最流行的说法是：胡忠在自己当出租车司机时，曾在车内拾到顾客遗留下来的一只皮包，里面有一笔数额可观的美元。胡忠私吞了这笔美金，并凭着这笔钱购置汽车当起了老板，开拓了本身的事业。

当这个传闻在湾仔区流行的时候，胡忠也不怎么在意，他心想：嘴长在别人那里，人家爱怎么说就怎么说，只要胡忠我问心无愧就行。

可是，胡忠不理会那些谣言，谣言更盛行了。那个荒唐的传闻竟有了连续剧，说：那个皮包其实是一位外国公司的办事员掉的，他携带巨款来港，是来为公司购买生产原料的。由于掉了公款，原料没买成，回到公司又遭人诬陷。公司不仅将他开除，还勒令他一星期内还出公款。那位办事员想不开跳海自杀了，家中妻子也因债所迫而走上了绝路，如今只留下两个年幼的孩子，被人送进了孤儿院。

这下可热闹了，满街有人在骂胡忠狼心狗肺，在骂胡忠挣的是黑心钱，在咒胡忠不得好死。甚至有人要乘出租车时，一看是胡忠公司的车子，扭头就走，嘴上还骂骂咧咧的。胡忠公司的生意顿时一落千丈。

胡忠知道这一定是有人在恶意中伤他，想败坏他的信誉。出租汽车公司也是属于服务行业，这种行业公司信誉最重要，信誉一旦倒了，公司的生意就没法儿做。

面对如此情景，有朋友劝胡忠要么登报澄清一下，要么搞一个招待会说明一下，否则真的是"人言可畏"啊。

可是性情耿直的胡忠回绝了朋友的好意，又摆出来做猪倌儿时的倔劲儿来。"我为什么要澄清，根本没有事，让我去说明什么？明天我就上街开出租车，我就让他们看看我胡忠像不像那种人！"

果真，第二天胡忠穿上工作服开着出租车上街兜客了。可是好多乘客汇集的地方，乘客一看是胡忠公司的车子，根本连手也懒得招。胡忠在街上转了半天也没拉到一个乘客。

中午时分，他驾着车子来到香港中区德铺道上等候客人，这时一位行人看到胡忠公司的车子，就过来跟他聊天，其实这位行人只是闲着没事做，想从胡忠公司人员里套问点新闻。

"哎，师傅，听说胡忠那缺德鬼为了逃避风声，已经逃到广州去了？"他探头探脑地对胡忠说。

胡忠强压住怒火，礼貌地对那位行人说："先生，我就是胡忠。如果我真靠捡花旗纸（香港人对美金的俗称）起家，我就不会在这里开车了。"

那位行人一听这么说，死也不相信，上上下下地打量着他。

胡忠见那位行人一脸不相信的神色，从口袋里掏出自己的身份证，指着上面的相片说："先生，你不相信我是胡忠。缺德鬼胡忠怎么会在众目睽睽之下开出租车，是吧？我告诉你，我就是他！"

"啊！你还真的是胡忠。他们不是说你逃到广州去了，原来都是假的。真是无聊！"那位行人接过胡忠的身份证，恍然大悟。

两个星期之后，整个湾仔区又恢复了平静，当有人再次问起关于胡忠的传闻时，人们总会对他说："你还不知道，这全是谣言，瞎扯的。"

胡忠就是用自己的耿直和诚心，使谣言不攻自破。胡忠的出租车公司又独占了湾仔区的鳌头了。

·化整为零·

俗话说：三百六十行，行行出状元。台湾有位普通商人，名叫陈长庚。他在成千上万的商人队伍中，普普通通。可他抓住机遇，努力奋斗，最终成了台湾包装业的泰斗，人称"包装大王"。

一天，陈长庚正在家里处理一些商务问题，突然台中一家专门生产酱菜的厂商朋友来找他。

这位酱菜商哭丧着脸，对陈长庚说："陈老板，我的产品质量上乘，色香味俱佳，可总是打不开销路，眼看资不抵债，要破产了。"

那时已经在研究商品包装的陈长庚问道："那是为什么呢？问题会不会出在包装上？现在台湾的产品包装都很简单粗糙，根本敌不过东洋货、西洋货精美的包装。"

"您这么说，似乎有些道理。"酱菜商若有所思地说，"酱菜虽说是腌制品，可以放一段时间，可一超过保质期，就是一堆废物。"

"走，去看看。"陈长庚站起身来。他在长期的贸易活动中已养成一个习惯，任对方怎么说，他总是坚守耳听为虚、眼见为实的信条。这一回，虽说朋友是来咨询的，他也要先看过，再下结论。

只见酱菜商的厂房里堆满了坛坛罐罐，工人们熟练地忙碌着。切、揉、搓、拌、掀、翻，果然是各道工序把关严格，一丝不苟，不愧是老字号的酱菜厂。酱菜商把陈长庚领入库房，库房里各类大小坛堆积如山，积压果真严重。陈长庚皱着眉头看着库中的积货，很想帮朋友一把。可是他对酱菜业不太熟悉，只能从自己的包装专业方面提一点儿建议。

他看到仓库里的坛坛罐罐，随口问道：

"你就是用这些坛坛罐罐装上货发出去的?"

"当然是,酱菜水淋淋的,不用这些,难道还用木箱、纸盒不成?"酱菜商如实相告。

"这些坛罐太重了,一来增加运费,二来人家也不好分发零售。"陈长庚若有所思地说,"如能改成小包装,集中发运,可能会好一些。"

"这怎么可能?"酱菜商说,"改成小瓶小罐?那成本就太高了。"

"想别的方法。"陈长庚聪明的大脑旋转起来。他突然想到有位日本朋友正在搞一项新包装技术,自己也有意与他合作。

陈长庚对酱菜商说:"听说现在有一种塑料包装法,你别急,我去找朋友帮你想办法。"

陈长庚是个生意精,他此时所想的,不光是帮助酱菜商解脱困境,还要为自己的生意找一条新路。他立即与日本朋友取得联系。在日本朋友的帮助下,他在台湾率先引进了一套食品塑料袋生产线,然后他马不停蹄地购买了场地,建起了厂房,开始投入生产。

当第一批食品塑料袋生产出来后,陈长庚立即找到酱菜商,让他试用一下这些新包装。

酱菜商用新式包装生产出一批腌渍酱瓜条,销往日本。

由于这种包装袋既卫生又方便,很适合日本人的高效率生活,因此酱瓜条投放到日本市场,很受日本人的欢迎。

陈长庚的包装袋也因此得到宣传、推广,订单纷至沓来。

当酱菜商将积压的产品全部销出去后,感激地拉着陈长庚:"小小包装袋,竟能使我的企业起死回生,真是神了!陈老板,真是太感谢你了。"

陈长庚也十分高兴,他拍拍酱菜商的肩膀说:"老兄,你销了酱瓜,我卖了包装袋。咱们平分秋色,共同获利。你谢我什么呢?"

后来,陈长庚干脆停了自己的贸易业务,把资金集中起来,开了一家专门生产包装品的公司——"三樱公司"。他由这家公司起步逐渐建立起自己庞大的产业,成为了台湾的超级富豪。

·蔡长汀创鞋业·

台湾"鞋业大王"蔡长汀，虽然现在拥有五六十家鞋业公司，但他投身于鞋业完全是一次偶然的机会。

这里讲的是20世纪60年代初的故事了。那时，蔡长汀还致力于工艺制品业，并取得了不错的业绩。但是，市场竞争激烈，蔡长汀不喜欢在白热化的火并中，痛苦地消耗精力。于是他决定退出工艺制品业，转向别的产业。

这些天，蔡长汀一边思考着，一边四处转悠。他有个习惯，在需要寻找新的机会和作出新的决定时，不会把自己关在房子里冥思苦想，而是四下观察，到处走动。他觉得四处走动是一种流动的思考，往往在走动中会有一件东西、一句话、一个街景或一件事情，激发灵感，对人有所启发。

一天，蔡长汀又出去逛悠了一天。晚上回到家里，他脱了鞋子倒头就躺在沙发上。妻子给他准备了饭菜，从厨房里出来看他。只见他躺在沙发上，鞋子也不放端正，妻子就随手拿了双拖鞋放在沙发边上，自己则拿了皮鞋油、鞋擦之类的工具，坐到沙发边替蔡长汀擦沾满灰尘的皮鞋。

蔡长汀虚合着双眼，躺在沙发上，一副精疲力竭的憔悴样，妻子看在眼里，疼在心上，就一边擦皮鞋，一边唠叨开了。

"看你这些天，就知道在外面跑，累垮了可不是闹着玩的。"

蔡长汀知道妻子心疼自己，便安慰她说："我自己会注意的，你放心好了。"

"你看你，鞋子都磨破了，又得买双新的了。唉，现在市场上想买双好鞋都难。孩子的鞋也不行了，明天去郊游非吵着要穿双新运动鞋，我下午去商店逛了几圈，也没见着一双中意的。你们爷俩呀，穿鞋子也太费了，哪里是在穿，简直是在吃鞋呀！"妻子继续唠叨着。

"等等！"蔡长汀冷不防一句话，将妻子吓了一大跳。

"我有办法了！鞋子，人人都要穿鞋子！哎呀，你真是帮了我一个大忙啊。"他一骨碌坐起来，一把抓住妻子沾着鞋油的手。

这下子，妻子被弄糊涂了："你今个儿怎么了，神经兮兮的。"

"告诉你，这几天我一直在找企业的出路，我要找一条有前途的新路子，来个企业大变向。找了几天没找到，却从你的嘴巴里得到，真是踏破铁鞋无觅处，得来全不费工夫。我从此要向制鞋业进军了！"

从此，他先北上后南下，四处考察台湾制鞋业的情况，结果令他异常满意。

正如妻子所言，台湾市场中，除了进口的高档鞋子外，几乎没有适合中、低收入阶层的高品质鞋子。

于是蔡长汀决定立即动手，设计、生产大众鞋子。

但是蔡长汀当时的工艺制品厂生意仍比较红火，如果放弃，从零开始，冒险性太大，但如果保留工艺制品厂，另外办一家制鞋厂，则资金不足，精力也分散。蔡长汀又陷入沉思中。

这时他看到了放在窗台上的蟹爪兰，那盆正吐蕊开花的蟹爪兰是嫁接在仙人掌上茁壮成长的，它充分吸取仙人掌的养分，舒枝繁叶，兴旺茂盛。

"对呀，我何不在工艺制品厂里开办制鞋厂，保留一些销路好、利润高的工艺品制造，以此带动制鞋业的发展。"蔡长汀盘算成熟，准备停当，终于在台中的工艺制品厂中开办了第一家制鞋厂，将企业改名为"环隆工业"，取循环使用资金、环环兴隆之意。

就这样，蔡长汀的制鞋业起步了，随后不断发展。他终于成了台湾的"鞋业大王"。

·光脚上学的吴贤二·

台湾"唐城企业集团"的董事长吴贤二，是台湾岛内著名的企业家。有谁想到，这位身价过亿的大老板，童年时竟穷得连学都上不起，还时常受人侮辱。

吴贤二出生在台湾省云林县四湖乡的飞沙村，这里是全台湾经济最落后的地方，吴贤二的家更是一贫如洗。

吴贤二到了上学的年龄，可由于家里太穷，供不起学费，他只好眼巴巴地看着同村的小伙伴陆续进了学堂。

吴贤二8岁那年，他的父亲看到儿子想念书，就把家里一些值钱的东西变卖了，为儿子交了学费，圆了他的上学梦。

上学第一天，吴贤二早早起了床，心里比过年还高兴。在去学校的路上，吴贤二背着书包，一边哼着歌谣，一边蹦蹦跳跳，从家到学校的路程也变得不再遥远了。

到了学校，班主任老师把吴贤二领进教室，刚想把他介绍给班里的同学时，早有一帮小家伙在讲台下尖着嗓子喊起来："老师，我们认识他，他是飞沙村的吴二傻子！"

大伙儿顿时哄堂大笑，吴贤二的脸也一下子涨得通红。还没等他缓过神来，又有人叫道："二傻子，你舅舅看你来了！"

吴贤二不由纳闷起来：舅舅大老远地跑来看我干吗？他一边想，一边回过头向教室外面张望，可连舅舅的影子也没看到。

班里的人更是笑得前仰后合，只见一位同学跑到吴贤二的身旁，用手指一指他的一双光脚丫子，笑着说："二傻子，你舅舅在这里，好家伙，一下子就来了10个！"

这位同学的话音没落，底下又有人喊道："大家快看！快看！二傻子身上背了个'蟹篓子'当书包！"

这时，吴贤二窘得不知该怎么办才好，他努力把书包往身后藏。由于家里没钱买书包，母亲就用稻草为他编了一个篓子当书包。吴贤二咬着牙关，不让眼眶里的泪水掉下来。他实在想不通，自己凭什么要被这些年龄小的同学嘲弄？

一旁的班主任老师看不过去了，厉声制止了台下的学生，然后意味深长地说："不要看你们现在都坐在一个教室里，好像没什么区别，等再过几十年，区别就会出现。能光着脚丫子、背着草篓子来上学的学生，我不敢说他以后会成为你们中间最杰出的一个，但我相信，他绝不会是你们当中最没出息的一个！"

老师的这番话，深深地烙在了吴贤二的心中，他暗暗发誓，从今以后，自己不管干什么，都要干得最好，不能让人瞧不起，不能让老师失望。

经过刻苦努力之后，吴贤二以全校第一名的成绩从小学毕业了，考进了嘉义中学，几年后，他又顺利地考取了中兴大学。

大学毕业后，吴贤二进了台湾排名第一的银行，几年后，他毅然辞去了这份令人美慕的工作，和朋友一起创办了专营唐木家具和木雕工艺品的"唐城公司"。

吴贤二从公司成立，只用了不到一年的时间，就使公司生意兴隆，产品供不应求。员工也从刚开始的十几人增加到了100多人。

如今的吴贤二，终于成了一名大实业家。当他回忆起自己大半生的历程时，仍动情地说："我就是当年听到老师的那番话，给自己设定了一个追求目标：一定要成为同学中最有出息的一个！直到今天，我还常常拿童年的往事来激励我！"

·移花接木立信用·

被台湾商界誉为"经营鬼才"的吴贤二，能够自己创业，全靠自己诚实的秉性与朋友的帮助。

1974年4月23日，吴贤二在朋友钟文义的提携下，开办了一家"唐城公司"。该公司专营唐木家具和艺术雕刻制品。唐木是一种优质的木材，用它制作的家具，色泽光亮，气味幽香，而且经久耐用。可是由于唐木是珍稀乔木，因此唐木家具的价格昂贵，起初不为一般的台湾家庭所接受，营业对象主要针对日本和东南亚的观光游客。

可是公司开张之后，尽管表面上人来人往，生意很好，可是成交的商品大多数是些小餐具、小木器之类，大宗的唐木家具却成交量很少。虽然也赚了不少外汇，但与吴贤二的目标毕竟相去甚远。为此，吴贤二整天待在公司里，想弄清楚原因。

有一天，吴贤二送走一位来唐城公司批发唐木木屐的日本商人，走进公司产品陈列室，他想随便看看，了解一些情况。当吴贤二在店堂里逛的时候，一位日本人的举止引起了他的注意。

这位衣着考究、气度不凡的日本人在一组高级唐木家具前踯躅不前，他一会儿踱到这边看看，一会儿又踱到那边瞧瞧，看样子似乎对这套家具很感兴趣。这套唐木家具样品也的确做得无懈可击，柔和的色彩、古朴的风格，每件家具的部件都是采用中国古典式技巧，每个角、每条棱都是呈滚圆形，而且上面都雕着表示"富贵吉祥"的牡丹和云彩图案。这套家具实为吴贤二的得意之作。

见这位客人有兴趣，吴贤二就信步走上前，与这位日本客人攀谈起来。

吴贤二用谦恭的语气对顾客说："先生，我们唐城公司竭诚为您服务，请问，您对这套家具有什么看法与担忧吗？"

日本顾客很礼貌地向吴贤二鞠个躬，说道："你好，你们的唐木家具做得非常漂亮，在式样和工艺上简直无懈可击，我很喜欢。"

说罢他用手指轻轻敲了敲这套唐木家具，家具随即发出很沉、但很有穿透力的声音。

"好货！好货！"日本人不住地点头称道。

"先生真是个内行人。我愿倾听您的指教，为您排忧解难。"吴贤二一眼看出眼前的顾客是个对唐木家具颇有研究的人。因为敲击唐木，如发出的声音沉而深远，则说明是由木质坚密的成年树制成的；脆而亮的声音则是由未成年树制成的，木质比较脆松。这位日本人显然是个行家。

"我虽然喜欢这套唐木家具，但摆在这儿的是样品，而我买回去的是包装零部件，如果带回到日本后，发现什么质量问题，那就麻烦了！我们日本人最怕这种事。"这位顾客终于说出自己的担忧。

面对日本顾客的不信任，吴贤二做了大量的解释和说服工作，可到最后，这位日本顾客还是没有买下这套家具。

一次交易失败了，这对于做生意的人来说是件再平常不过的事情。可是吴贤二却耿耿于怀。他认为信誉和质量是企业的生命，而这次生意失败的原因正是由于顾客不信任造成的。看来要使公司的生意上一个新的台阶，必须采取一种措施，让顾客能放心地购买唐城公司的高级唐木家具。

可是该采取什么样的措施呢？吴贤二想了一整天，到了晚上就寝前，也没有想出好办法来。

吴贤二患有脚气病，白天他刚买了一瓶美国进口的药水，据说疗效显著，只要用完这一小瓶，就能彻底根治脚气。

因此他临睡前，打开那瓶药水，准备涂抹到脚上，这时，他发现药水盒里有一张商品信用保证卡。上面简要说明，如果涂抹此药不见效，可在信用卡上填写清楚，然后寄回到厂家，由厂家赔偿一切损失。

　　看到这里，吴贤二眼前一亮，心想：我何不来个移花接木呢？药品都能设立信用卡，唐木家具又为何不能呢？能，当然能！当他抹好药水上床睡觉时，一套关于唐木家具信用卡的方案已在心中酝酿成熟。

　　第二天，他就在公司里实行了这种经营方式。

　　就这样，吴贤二在世界家具行业中，首创了家具信用卡制度。这一做法不仅使唐木家具获得了较高的声誉，而且大大促使了唐城企业在产品质量上的精益求精，促进了唐城公司的生意蒸蒸日上。

·诚招"千里马"·

　　林绍良是印度尼西亚的首富，据说，他的资产总数曾在全世界排名第六。他拥有数百家公司，业务遍布新加坡、中国香港、美国、荷兰等地，涉足70多种行业。他之所以能取得这样的成功，除了他本身的能力外，更重要的是，他能网络住一大批对他忠心耿耿的"能人"。

　　林绍良认为，管理上最大的困难是找合适的人才，而用人得当是最为重要的。

　　在印尼商界，林绍良的求贤若渴是众所周知的。李文正曾是林绍良麾下的一名大将，为林氏实业立下汗马功劳，林绍良为请他出山曾三次飞赴香港。这个故事成了林绍良求贤若渴的典型事例。

　　自20世纪70年代起，林绍良的企业已站稳了脚跟，他已成为印尼商界的风云人物。他觉得要想赚更多钱，特别是要帮助印尼的经济发展起来，当务之急是办银行。

　　可是，办企业林绍良自信经验老到，游刃有余，而对于金融业，他却是个十足的门外汉。

　　一天，林绍良乘飞机去香港出席一个商业会议。在飞机上，他碰到了印尼最大的银行——泛印银行的总裁李文正。

　　李文正在印尼也是个响当当的人物。不过当时他还没有自己创业，而是受聘于政府机构。不过，这位李先生确实是个理财能手，一家几近亏损的钱庄在他的操持下竟发展成为全印尼实力最强的首席银行，真是让人刮目相看。

　　"要是能请他来帮我办银行，定能办得有声有色。只是他身为泛印银行总裁，怎会跑到我这里来？"林绍良不无惋惜地想。

李文正与林绍良作为经济界要人，本来就比较熟，于是登机后就闲聊起来。闲聊中，林绍良得知李文正刚刚辞去泛印银行总裁的职务，趁还没想好今后发展方向的空当儿，去香港与家人团聚一下。

"这可是个天赐良机，真是上天助我也。"林绍良内心欣喜不已，决定无论如何也要邀请这位银行大家来管理自己的银行。

当林绍良婉转地向李文正表明心迹后，李文正当即就推辞道："我现在身体欠佳，正因如此才辞去泛印总裁之职，想休养一段日子，再做打算。绍良兄的心意小弟心领，只是怕力不从心啊！"

林绍良遇见如此一匹"千里马"，岂肯轻易放过。

"文正兄，你我相识也不短时日了。我林某人一向敬佩文正兄的才略与胸襟，要是你能出来帮我操持中亚银行，为其指点一二，我林某定当感激不尽。"林绍良穷追不舍。

林绍良的中亚银行自年初创办，虽开业不足一年，但由于林绍良的实力雄厚，再加上其为人诚恳，朋友广布，因而发展很有势头。李文正也深识林绍良的为人，并对中亚银行的前景也非常乐观。但现在他刚辞去泛印银行总裁之职，再加上他从事金融业20余年，非常想自己出来打片天下。

因此，李文正还是婉言推辞道："绍良兄，这件事让我考虑一下，再说中亚银行在绍良兄的领导下已颇具虎势，我文正又怎敢指点。"

飞机在香港降落，林绍良因会议缠身，只得与李文正告别，可是邀请李文正共事金融事业是他的一个心愿。

在那次飞机上相遇后三天，林绍良趁一空隙，又只身来到李文正度假的别墅。在那里，林绍良又一次真挚邀请李文正加入自己银行，主持日常事务，并提出极丰厚的待遇。可是李文正还是以身体欠佳为由，婉言推辞。

但林绍良并未因此而气馁。在与李文正的两次交往中，他发现这位银行家的确经验充足，才华横溢，人品极佳，更是对其爱不释手，邀其共事的决心也更加坚定了。

又过了五天，林绍良又一次专程赴香港邀请李文正。这一次，李文正没有立即推辞林绍良的邀请，而是邀请林绍良在自己的别墅里小憩一天。林绍良是个惜时如命的人，他两次专程飞赴香港邀李文正共事，已是难得。要他花一天时间待在屋子里不理业务，在外人看来岂不是浪费时间吗？可是林绍良毫不犹豫地答应了。看来林绍良邀李文正之心确实坚定。

这一天中，两人饮酒畅谈，从商务到政务，从政务到生活，天南地北，无所不说，两人异常投机。

李文正在三次交往中，也觉得林绍良的确是一名不可多得的帅才，对林非常敬佩，同时又见他诚心可鉴，终于被其感动，答应为林绍良打理银行事业。

事后表明，李文正的确是一匹少见的"千里马"，将林绍良的银行事业搞得红红火火。当然林绍良也决不会亏待这位才高八斗的伙伴。后来，林绍良将自己手中一部分银行股份作为红利让给李文正，而使李文正拥有的股份数额超过林绍良，成了中亚银行真正的总裁，实现了自己创业的愿望。

·拉链拉地球·

日本吉田工业公司是世界上最大的拉链制造公司。它每年营业额高达25亿美元，年产拉链84亿条，总长度相当于190万公里，足够绕地球47圈。而从这小小的拉链里取得如此大业绩的人，正是吉田公司的创办人吉田忠雄。可你相信吗？这个"世界拉链大王"，当初仅仅是以100美元起家的。

吉田忠雄1908年出生在日本东京以西100多公里的鱼津市。20岁那年，他怀揣着哥哥给的70日元，独自来到了东京，在同乡开的中国陶瓷店当小工。由于他吃苦耐劳，表现出色，没干多久，就被老板提升为陶器部主任。

几年后，日本发动了对外侵略战争，日元开始大幅贬值，陶瓷店倒闭了。老板临走时，把店里一大批别人代销的拉链留给了吉田忠雄，让他去处理。年仅26岁的吉田忠雄认为，拉链是人们日常生活用品，市场潜力一定很大，于是，他开始涉足拉链业，此时，他口袋里的钱加起来不过100美元。

1934年，吉田忠雄创办了专门生产销售拉链的三S公司。他生产出的三S牌拉链坚固耐用，滑润易拉，所以销路很好。经过几年的努力，吉田忠雄又兴建了一座新工厂，员工也增加到100多人。他把公司的名字改为吉田工业公司。

新公司成立后，吉田忠雄又研制出铝合金拉链，此外，他还积极拓展外销渠道，仅用两年多的时间，产品便在墨西哥和南美各国站稳了脚跟，接着，他又接过了日本陆海军军服的拉链制作业务。

就在吉田忠雄生意越来越红火的时候，一位美国拉链商，在一天中午来到他的拉链厂参观。吉田忠雄正为打不开美国市场而烦恼，这位美国人的出现，让他兴奋不已。他决心抓住这个机会，把自己的产品推向美国市场。

吉田忠雄陪着美国商人在厂里上上下下转了个遍，最后，那位美国商人随手在地上拾起根拉链，问道："你的这种拉链在市场上要卖多少钱一条？"

首次接触，吉田忠雄没敢把价报得太高，试探着回答道："90美分。"

谁知话音刚落，那位美国商人突然大笑起来："90美分？哈哈，就它也能卖到90美分？就是再便宜些，美国也不会有人买。"说着，他从皮包里拿出一把拉链，递到吉田忠雄面前。吉田忠雄被美国商人狂妄的态度气坏了，可等他接过拉链仔细一端详，不禁大吃一惊：这些美国拉链真是品质优良，他的产品相比之下，顿时相形见绌。

那位美国商人见吉田忠雄说不出话，又嘿嘿一笑，指着吉田忠雄手里的拉链说："这些我只要70美分，就可以卖给你，而且我还可以赚你一笔。"说完，扬长而去。

美国商人的奚落使吉田忠雄看到美日之间拉链产品的巨大差距。美国生产的拉链之所以物美价廉，是因为美国已拥有许多优良的拉链制造机器，而日本的拉链还停留在手工作坊制作阶段，质量低劣，价格又高。想到这儿，吉田忠雄暗暗发誓，一定要生产出价格低、质量高的产品，与美国竞争。

1950年，吉田忠雄从美国买回了四套高速全自动拉链机，然后又对这些机器进行改良，再请日立精密机械厂按他的要求，制造出100台这样的机器。果然，重新生产出的拉链质量完全可以同美国货媲美。随着产量的猛增，成本更是直线下降，这时，吉田忠雄响亮地提出奋斗口号："一年内吉田拉链绕地球一圈。"这句口号终于在他50岁那年实现了。这一年的拉链产量，加起来正好可以绕地球一圈。

美国人再也不敢笑话吉田忠雄了，乖乖地把市场让给了他。吉田忠雄并不满足，在以后的日子里，他又把拉链业拓展到了世界各地，到1983年，他的销售范围达到了125个国家和地区，稳稳坐上了"世界拉链大王"的宝座。

·危难中的一片温情·

20世纪20年代，美国经济大萧条开始了。

在日本东京都，经济危机也已初现端倪。而当地的酱菜业主们，却丝毫不感到惊慌。他们认为，衣食住行，人生之本，别的行业可能被危及，而自己这一行却不可能，更何况酱菜是日本的特产，历史悠久，名扬天下，何愁找不到主顾？

他们当中，只有诚三郎看法不同，他已经看到了眼前的危机。他想，人到最困难的时候，节衣缩食是能采取的最保险的措施，关键是客户会减少订货量，究竟会减小谁家的订单，这就得看与客户的关系好坏。因此，加强感情投资，把客户吸引住是当务之急。

诚三郎苦思冥想，寻找着最佳的方案。故乡漫山遍野的红苹果出现在他的脑海，他想起果农们常在没有成熟的苹果上贴些表示吉祥的剪纸图案，等苹果熟了，苹果上就会出现种种花纹。有的年轻人为了向姑娘示爱，会把精心设计的图案留在苹果上。这花钱不多，却能收到意料之外的效果。

诚三郎受到启发，立刻匆匆忙忙地赶回故乡，趁苹果尚未成熟，向果农订购了一批苹果。他只要果农在苹果上贴一张标签，等苹果成熟之后，上面会留下一块空白。他跟果农约定，苹果一成熟，就立刻派人运送到东京都。诚三郎估计那个时候，一场争夺订户的大战，将会在同行之间打响。

事情的发展果然不出诚三郎所料，当这批苹果运到东京都的时候，诚三郎和他的同行们已经觉察，酱菜的订单越来越少，订单上的订货数也越来越小。

诚三郎立刻开始了他的争取订单的攻势。他在苹果的空白处贴上用透明胶纸做的标签，有的标签上写上订货客户的名字，有的盖上自己产品的标牌，还有的写上一句动听的句子："谢谢您的关照"、"顾客就是上帝"，等等。诚三郎将这些特殊的苹果装进事先准备好的礼盒，随货送到了客户手中。

他还在以往的客户中，挑选出100家最大的客户，各准备了一份苹果礼筐，用"请尝尝家乡土产"的名义，送到客户家中。这些苹果上当然也写着同样的字句。

接到诚三郎礼盒和礼筐的客户，都被这小小的礼品感动了。他们对苹果上能奇迹般地出现字句惊讶不已，也被诚三郎的诚心打动，觉得他真正把客户放在心间，于是，诚三郎成了他们最放心的货源老板。在组织新货源的时候，首选的当然也是诚三郎了。

诚三郎估计得不错，在节衣缩食的经济衰退期，酱菜业无论如何景气不起来。好多老板在惨淡经营了一个阶段之后，终因订货中断，产品积压，无力再支撑下去，纷纷关门倒闭了。

只有诚三郎的酱菜店，办得红红火火，订单增加，顾客盈门，还准备扩大生产。一些倒闭了的酱菜店的工人师傅失业后，纷纷改换门庭，投奔到诚三郎麾下，因此带来了许多秘传的制菜技术。诚三郎乘机增加花色品种，凡是过去在东京都能买到的酱菜，现在到诚三郎店里都能找到，诚三郎酱菜的名气就更大了。

诚三郎终于一统了东京都的酱菜业，建立了传统酱菜的联营公司，实现了他的理想，登上了事业成功的巅峰。

·免费火柴·

日本丰田汽车是世界著名的品牌，但在它出名之前，为了使它家喻户晓，可是很费了一番心机。

人们说，一个厂家，要想将它的品牌打出去，第一件事情就是要宣传自己，否则，人家凭什么不买别人的东西而来买你的？

丰田汽车厂将推销丰田汽车的重任压在椎名保久身上。

开始时，椎名保久的做法也与别的厂家一模一样：他先请一个人为他写好广告，说丰田汽车怎么怎么好，然后印在精美的纸上，再出钱雇人到各家各户去分送，或站在十字路口，人手一份地分到行人的手上。然而，这种做法收效甚微。首先，那些行人既然在走，就多是些不想买车或者买不起车的人；其次，这种推销法千篇一律，人们早已习以为常，广告到手后便随手一丢了事。

于是椎名保久又出钱派人打听社会上哪家有钱，然后让能说会道的姑娘小伙凭借他们的三寸不烂之舌，上门游说，或打电话劝说他们购买丰田车。

这一招虽然不能说效果全无，但是收效也不甚大，原因是日本人最不喜欢别人打扰他们的生活，对于这些说客，有90%的人只当他们是骗子或是为强盗探路的人。他们还未开口，主人就已下逐客令。客气一点的，会说："多谢关照，可惜今天我正没空，咱们改日再谈。"不客气的，就当面说："汽车这玩意儿我买不起，你还是多走一家吧。"

丰田车的推销工作久久开展不起来，这事儿让椎名保久心里很不是味儿，他经过反复推敲，觉得社会上跟风、仿效的风气很盛，若是让有钱人、大生意人先买了丰田车，一般购车族准会努力跟进，一哄而上。

那么，怎么才能找到这些有钱人，他们又常常在哪里出现呢？椎名保久细细查访，得出结论：他们常出现在大宾馆和高级娱乐场所。

于是，他就上那里去体会他们的生活。经过多日的观察，他发现这些人多半抽烟，为了不让打火机的汽油味儿盖过了烟的香味儿，他们光用火柴点烟。还有，谈生意时，那些讨好买主的人不但为对方点烟，而且点完了还将火柴盒留给对方。

通过观察和研究，椎名保久还发现，抽烟者通常是在兴奋和困惑的时候才抽，抽烟时则会习惯性地凝视火柴盒来思考问题。这一细节使他惊喜万分。

他心里暗忖："对，这一细节非常重要。他们凝视时虽不是有意识的，但多少能看在眼里，我若将丰田牌汽车这一商标印在火柴盒上，他们无意中就能看到了。就算他们第一次、第二次看都是无意识的，第三次、第四次看就会变得有意识了。"

可是，让火柴厂来印丰田车的商标，可不是件易事。好在一盒火柴的价格并不高，即使由丰田汽车厂自己印制，免费赠送，其费用也远比印广告省钱。

主意一定，椎名保久立即动手订做火柴，火柴盒上印上丰田汽车商标，并附上电话号码和厂址地图。

椎名保久还想到，火柴盒要做得精美小巧，每盒内装20根高级火柴。火柴美观雅致，则讨人喜爱；若火柴低级，屡划不着，会遭人咒骂和弃用；火柴盒里放两根火柴会太少，人家用完了就丢，有损宣传效果；若盒子里火柴过多，盒子用得破破烂烂，会招人烦，就失去了宣传的效果。

椎名保久订做的火柴一出厂就立即分送到各大宾馆、娱乐场所，免费供他们使用。

事后的观察和反馈，证明椎名保久的这一主意十分高明。不出他所料，那些有钱人（说白了就是买得起车的人）喜欢这类免费火柴，不但常常看广告，而且有时还顺手牵羊将那些没用完的火柴放入口袋。

事实也证明，许多来购买丰田牌汽车的买主，多是从这种火柴盒上得到工厂的电话号码的。

丰田车也从这里打开了销路。

·货运大王·

日本有个货运大王，叫佐川清，他和妻子开办的"佐川捷运"的货运公司，如今已成为日本商业运输界中排名第一位的超级企业，而且在国际运输界中占有极其重要的地位。

其实佐川清从小家境富裕，可由于他和继母关系相处不好，于是一咬牙，在15岁的时候离家出走，扒火车来到了京都。

由于他手上只有一张站台票，因此被困在了站台里，出不了站。正着急时，他忽然看见一个身穿"丸源"号衣的脚夫在卸货，佐川清立即想起自己的一个表哥也在这个搬运公司工作，便跟在这个脚夫后面，找到了表哥，告诉他自己想当脚夫，要靠自己的力气吃饭，再不指望家里了。

放着少爷不当，竟想干苦力！表哥听了哭笑不得，忙把这事告诉了佐川清的父亲。父亲跑来接佐川清回去，谁知他非要留在京都干脚夫不可。父亲气得直摇头，转身离去。从这天开始，佐川清的命运便彻底改变了。

佐川清肩膀上的老茧变得越来越厚，但他从没后悔过。由于他人缘好，有号召力，许多搬运工都喜欢和他在一起。佐川清常常把他们组织在一起到外面接活，有时候闲下来，他脑海里就会冒出一个念头，成立一个独立的工程队，自己来当老板。当工友们知道了佐川清的想法后，都非常支持他，于是在1948年，26岁的佐川清成立了"佐川组"。

也许是佐川清从没把自己当成老板，流的汗总是和手下工人一样多，而且给工人的工资也高出他们以往的两倍，这样一来，工人们干起活儿来一个赛一个，就像拼命一样，工作效率出奇得高。

　　这时，佐川清认识了一个叫幸惠的姑娘，相处一段时间后，便结婚了，又过了几年，幸惠为佐川清生了个大胖小子。为了孩子，佐川清决定结束到处漂泊的工棚生活，解散了工程队。他拿出所有的积蓄，分给手下的工人，和他们和和气气地分了手，打算以后过一个正常人的日子。

　　正常生活也要吃饱饭呀！可佐川清把钱全分给了工人，自己一分也没留。看着哇哇直哭的儿子，佐川清对妻子说："这以后的日子可怎么过呀？"

　　幸惠是个乐观的女子，什么困难都不放在心上："咱们不是有力气吗？再从头干起吧！"

　　妻子的豁达和大度深深感染了佐川清，他也一下变得开朗起来："对，我是一个脚夫嘛，从明天起我就出去找活儿！"　话虽这么说，但佐川清这一次再也不给人打工了，他发誓要自立门户，打出自己的招牌来。1957年3月的一天，"佐川捷运"开业了，佐川清满大街找客户，竟没有一个客户愿意把货交给他。

　　一个多月过去了，佐川清就像乞丐一样，天天挨家挨户地问有没有货要送，在他心里，一个顽强的信念像一团烈火一般燃烧着：我一定要用真诚打动人。

　　功夫不负有心人，在第45天，一个商会的老板对佐川清产生了同情之心，拿出10部照相机交给了佐川清，请他送到京都一个商店去，而且许诺不要佐川清先付保证金。

　　佐川清简直不敢相信自己的耳朵，他激动地接过对方的货物，飞快地送到了目的地。从那以后，"佐川捷运"的名字慢慢地传开了，佐川清和妻子被称为"鸳鸯脚夫"。人们都说，他们是日本运输界最勤奋能干的人。

　　"佐川捷运"发展得越来越快。佐川清又在日本5个大城市同时设立了营业部，先后添置了13辆摩托车做交通工具；4年后，摩托车换成了汽车。到了1978年，"佐川捷运"的经营部已遍布了整个日本，员工近两万人，当年营业额高达19亿美元，一跃成为日本运输业里的老大。

·松下幸之助求职记·

松下电器世界闻名。这里讲的是松下企业的创始人松下幸之助年轻时求职的一个小故事。

20世纪初，年少的松下幸之助因为家里穷，只身来到大阪找工作，可老板们不是嫌他岁数太小，就是嫌他身体单薄，谁也不愿雇用他。眼看生活都成了问题，倔强的松下幸之助就是不愿回家。他发誓找不到工作，就是死，也要死在大阪。他后来回忆起这段经历时，总是热泪盈眶地说："我当时不是不想回家，只是家里太穷了，我怕回去给家里人添负担。"

到了1910年，日本电器事业发展得很快，不仅有了电灯，街道上也开始跑电车了，电在城市生活中越来越显得重要。有一天，松下幸之助在街上闲逛，偶然发现一家电器厂门口挂了一块招聘的牌子，他兴奋极了，立刻跑回住处，换了一套干净的衣服去应聘。

没想到，前来这家电器厂求职的人很多，松下幸之助排了大半天的队，才被叫到工厂人事主管的办公室。人事主管见他衣着破旧，又瘦又小，还没等他开口，就说道："对不起，小伙子。我们这里已经招满了，你回去吧。"

松下幸之助听后，苦苦哀求道："先生，你就给我一次机会吧，我肯定会把工作干好的，不信，你就先让我在这里试几天。"

人事主管没办法，只好随口敷衍道："好，好，那你就过一个月再来看看吧！"他指望一个月后，松下幸之助会把这事给忘掉。

谁知，做事一向认真的松下幸之助，在一个月后，果真如约而至，人事主管见到他，想了老半天才记起自己一个月前说的话。为了推搪，他急忙说自己还有事，让松下幸之助过几天再来。

过了几天，松下幸之助又来了，人事主管见没法再"糊弄"松下幸之助了，就干脆挑明说："以后你就别来了，像你这样脏兮兮的，我们是不会录用的。"

难道就是因为穿着破，就不录用我了吗？松下幸之助越想越不甘心，他转身回去借钱买了一件新衣服，并认真梳洗了一番，再次到了那家电器厂。这回，他倒要看看人事主管还有什么理由不要他。

人事主管见松下幸之助这么"死心眼"，气得哭笑不得，他板着脸对松下幸之助说："你就是穿得再好也没用。你对电一窍不通，我们怎么用你，你就死了这条心吧！"

这番话，深深刺伤了松下幸之助的自尊心。他想：虽然我不懂电，但只要努力，还怕学不会吗？从那以后，松下幸之助没事就往书店跑，到处翻阅有关电方面的书籍，并经常向一些懂电的人虚心请教。

两个月后，松下幸之助又一次出现在那位人事主管的面前。这次，他没等对方开口说话，便说道："这段时间我学了不少有关电的知识，请您看看我还有哪些差距，我好及时弥补。"

那位人事主管惊奇地瞪大了眼，半天才说："我在这行干了几十年，第一次见到像你这样不屈不挠的小伙子来求职。我真佩服你的耐心和韧性。"说完，便留下了松下幸之助。

半个世纪后，松下幸之助成了全世界名声显赫的大老板，但了解他的人对他的成功一点也不惊奇，都说他的成功来自九分的毅力、一分的运气，但这一分的机会也是靠他自己创造出来的。

·井植薰的迂回战术·

　　很多人都知道日本有个"三洋电机公司"。它的收音机、电视机、洗衣机、空调是很有名的，可知道三洋公司创始人井植薰的人恐怕不多，这里讲他一段小故事。

　　1911年2月9日，井植薰出生在日本淡路岛的一个船夫家庭，高小毕业后，他离开家乡来到了大阪，在姐夫松下幸之助的"松下电器制作所"当学徒。

　　井植薰在松下公司一干就是24年，从学徒一步步干到了公司常务董事兼制造部长，成了公司里举足轻重的人物。但是，他心里始终放不下自己的梦想，于1949年年底向姐夫辞了职，离开了松下公司。

　　这年春节，井植薰到大哥家去拜年，大哥正为弟弟辞职的事想不明白，他就问弟弟："你不在松下公司干了，以后准备搞什么呢？"井植薰回答道："我想造收音机。"说完，他把酝酿已久的计划告诉了哥哥。结果，兄弟俩一拍即合，决定合伙干。这年的4月，三洋电机公司宣告成立，井植薰的"三洋生涯"真正开始了。

　　当时，收音机的前景十分广阔，但由于售价偏高，老百姓宁愿自己买零件装配，也不愿买成品。井植薰认为，只要自己能生产出质量上乘、价格低廉的收音机来，销路肯定不愁。于是，他制定了一个雄心勃勃的计划，把年产量定在7.8万台，这个产量在当时收音机制造商眼里，简直就是天文数字。不过，要想完成这个大批量生产计划，头一个问题就是要让真空管专业厂家降低真空管的价格。

　　接下来，井植薰到处联系真空管的厂家，结果都碰了壁，他决定改变谈判策略，采取迂回战术。几天后，他又找到新日本电气公司的片冈总裁，对他说："我们三洋公司打算生产收音机，你能否把贵厂里的真空管，按我收音机的出厂价的10%卖给我？"

片冈想了想，不禁有些迷惑，他问："那么你的收音机打算卖多少钱呢？"

井植薰微微一笑，神秘地说："这是我们公司的商业机密，我会在首批收音机销售日前一天晚上告诉你。"

片冈被井植薰弄得更糊涂了，这种生意他可从来没做过，要知道，真空管的售价一般都是收音机出厂价的8%，而井植薰出10%，到底是什么意思呢？他盘算了一下，说："我可以答应，不过你可不能把收音机价格定得太低了。"

井植薰哈哈大笑："不会的！我要是把收音机价格定低了，还赚什么钱，咱们可是一根绳子上的蚂蚱，我赚钱，不就意味着你也赚钱吗！"

片冈觉得有道理，于是，他报出了真空管价格的底限——600元。这个价格正是井植薰心里计划好的，可如果他一上来就亮出底牌，片冈肯定不会同意，现在好了，这个关键问题终于被他不动声色地解决了。

真空管价格没有问题了，还剩下最后一个难点，就是外壳设计。当时的收音机，清一色都是木制外壳，由于制作复杂，一年要想生产出7.8万个木壳，不但难度大，而且成本高。井植薰想来想去，灵机一动：要是用塑料做外壳，不是既漂亮又便宜吗？想到这里，他立即找到积水化学公司。经过多次试制，第一台用塑料外壳装配的收音机终于制造出来了。

几个月后，三洋公司生产的收音机上市了，零售价大大低于日本国内同类产品的价格，很快便受到老百姓的欢迎。三洋电机也由此声誉鹊起，到了1959年，三洋出口的收音机总量超过了日本所有的老牌企业，遥居全日本第一。

井植薰也终于实现了自己当年的梦想。

·意外爆炸解难题·

面条源于东方，据说已有5000年的历史，但真正具有革命性的进步却是在20世纪50年代。那就是吴百福发明的"方便面"。

吴百福是日籍华人，是日本最大食品集团——日清食品公司的创办人，他平凡而踏实的创业过程，可以说就是一部"方便面"发明与发展的历史。

20世纪50年代的吴百福，思想超前，思路活跃，尽管当时他没有固定的职业，可是他干一行专一行，很受当地业主的欢迎。

日本人很喜欢吃面条。有一次，吴百福经过一家拉面馆，看见衣着单薄的人们为了买一碗热面而在寒风中排着长队，他突发奇想，要是能做出一种只要用水一泡就能吃的面条，该有多好呀，这样，人们也不用在寒风中排队了，想吃的时候用开水一泡就行了。

这个想法，使他着了迷。从1957年到1958年，他一直在悄悄地研究这种面条的制作。

1958年春天，吴百福终于研制出一种经过热油处理过的"方便面"。这种面只要用开水泡几分钟，即可食用。但是调料品还得自己另加，这并不省多少事。

该如何将调料也成为"方便面"的内容之一呢？吴百福将盐、味精等调味品掺和在一起做成小包装，自己吃了一下，觉得这样泡出的面条，除了咸味和味精味，根本引不起人的食欲。该怎么样才能做出原汁原味、香美可口的鸡汤、排骨汤"方便面"呢？

吴百福做了各种各样的试验，他将煮熟的鸡肉切成小块，与面块一齐泡，发现鸡的味道一点也没有；他又将鸡汤灌进小塑料袋中，封紧口，成为一个独立的包装，吃时将鸡汤倒在面块上，用开水冲泡。这样固然使面汤中有了鸡鲜味，可量少了吧，味儿太轻；量大了吧，汤料包就要大，这样就需要小心轻放，因为稍一挤压，汤包就破了。

到底该用什么办法，才能使"方便面"既能有鸡、肉、蔬菜等作料的原汁原味，又携带方便，吃时也方便。这个问题一直萦绕在吴百福的脑海。

一天傍晚，他吃完晚饭又钻进自己的实验室里。说是实验室，其实是他在院子里搭建的一间小木屋，除了几只他用来煮面、炸面的锅外，还有一只高压锅和一台手摇轧面机，除此之处，别无他物。

正当他冥思苦想之时，屋外突然传来一阵阵蛙鸣声。吴百福踱出小木屋，发现院子的水池中栖息着大量的青蛙。

"不如先做个蛙鲜方便面，尝尝它的味道如何。"吴百福突然冒出这么个想法。

于是他捉了几只青蛙，弄干净后放在高压锅里煮起来。突然"砰"的一声巨响，高压锅爆炸了。已被煮成糊状的青蛙肉溅向四面八方，不仅墙上、柱子上粘满了糊状物，就连吴百福的衣服上、发梢上也都是。

妻子闻声赶来，见吴百福这副狼狈相，不禁又气又心疼。她责怪道："真是发了疯了，搞什么方便面啊，再搞下去可要出事儿了！"

吴百福听了，不但不生气，反而兴奋地向妻子喊道："成功了，我知道该怎么解决那道难题了！"

因为青蛙肉比较细嫩，所以一烧就成糊了。将这肉糊放进泡好的面里，不用很多量，面条的味道就十足了。

吴百福马上如法炮制，他用高温高压的方法加工鸡肉，直至成为糊状，然后取这肉糊放进泡好的方便面中，嗯，一碗十足的鸡汤面就出来了。吴百福兴奋不已，他将这种糊状鸡肉制成小包装，这种包装既安全，又使用方便。人们只要拉开鸡肉包与面饼一起用开水冲泡，就能立即吃到一碗鸡香四溢的面条了。

吴百福方便面终于研制成功！他也因此摆脱贫困，创立了自己的企业。

·企业家与臭虫·

2001年3月21日，韩国企业家郑周永逝世。他是个家喻户晓的人物，他白手起家，发愤图强，终于创造出赫赫有名的现代企业。

郑周永成功立业，有一个坚定不移的信念：只要我活着，而且身体健康，允许有考验，但决不允许失败。说起来，这个信念的确立还有一段和臭虫有关的小故事呢。

早年由于家乡穷困，郑周永偷偷跑出来四处打工，终于当上了一家碾米店的小伙计。每天晚上，他被安排睡在店堂里的一只米柜子上。

这只米柜有3米长、1.5米宽、1米高，被子虽然薄了一点，不过睡在这上面倒挺安稳的。只是灯一熄，就有什么小东西蠕动，爬到他身上来。起初他并不在意，工作了一天，累得要命，一般都是倒头就睡。可是渐渐地，他发觉身上长出了许多红斑点，奇痒难忍。

他想弄明白这到底是怎么一回事，第二天故意将火柴捏在手里，等熄灯后感觉有什么东西在蠕动时，就快速划亮火柴一照，天呀，原来是一大群臭虫在作怪。

这些臭虫身子扁平，脚爪短细，大的如一粒黄豆，小的像芝麻。只见它们细脚齐动，奔走如飞，眨眼间就爬到身上。它们见肉就叮，一口下去，就将自己瘪瘪的身子吸了个溜圆。郑周永心里大怒，一指按下去，直挤得臭虫鲜血迸流，一股子臭味儿直冲鼻端。

郑周永想，要杀死你们虽然不难，可是我能整夜整夜不睡吗？好汉不吃眼前亏，不如爬到桌子上去睡吧。

郑周永卷起铺盖，搬到桌子上来睡。

不料，第二天夜里还是照咬不误。郑周永细细一观察，发现臭虫是从桌子脚爬上来的。

郑周永惊叹不已。他转而一想，有了，何不取4只破碗，填在4只桌子脚下，然后各装上水。这些个臭虫大爹虽然能翻山越岭，但总不会涉水渡河吧？郑周永主意一定，心中大喜，马上照此办理。

谁知道，第三天夜里他还是被咬了许多红斑。莫非臭虫会飞不成？郑周永好奇心大发，决定查它个水落石出。

这天夜间，他上了那张桌子后，强撑住疲累的眼睛，借着幽淡的月光，等着臭虫的光临。

左等右等，一直等到半夜时分，似乎不见动静，他正想睡去，突然有什么东西"噗"的一下落在他身上。他划亮火柴一看，原来是只臭虫。

臭虫们是从哪里来的？原来是从天花板上掉下来的！

臭虫真有不达目的死不罢休的雄心。它们没法涉水渡河，就绕远路，先爬上天花板，然后再从天花板上往下跳。

这下，郑周永可算佩服了。他想，区区一只臭虫尚有不达目的誓不罢休的精神，身为万物之灵的人，只要看准方向，有什么事办不到呢？

从此，这种"臭虫精神"就成了郑周永一辈子创业的准则。

·从牛奶铺起家·

查尔斯·福特勋爵是英国最大的旅馆饮食业集团的董事长，在世界上数一数二。

然而旅馆帝国的董事长的发家却是从最小的事情做起的。有关他的传说很多，这里，我们只讲他当初开牛奶铺的故事。

1934年，查尔斯在伦敦附近的布赖顿经营父亲开办的一家咖啡馆，可是他的心思并不完全在父亲的经营上，他想有属于自己的一份事业。于是，每天翻看报纸成了他的必修课，查尔斯希望能从报纸上找到一些消息，对他未来的事业会有帮助。

一天下午，查尔斯在休息时间打开了一份伦敦的《旗帜晚报》，其中一条消息引起了他的注意。一个澳大利亚人在伦敦的舰队街开设了一家专售牛奶的铺子。牛奶铺子？查尔斯从没听说过这种店，一种好奇心吸引着他去看看。

查尔斯一连观察了这家牛奶铺好些天，他觉得这个事能干。回去后，查尔斯便对父亲讲了自己的想法。

"只卖牛奶？"父亲用手指敲着桌子问道，"依我看，光卖牛奶是赚不了大钱的！"

查尔斯脸上露出了不快的神色："那您说干什么赚大钱，像您一样开家咖啡店？"

于是父子两人展开了激烈的争论。查尔斯说服不了父亲，但觉得自己是正确的。此时他最需要的是别人的支持，于是，他想到了那个澳大利亚人麦金托什，他给麦金托什写了封信，说自己对他的牛奶店十分感兴趣，并且在饮料经营方面很有经验。麦金托什马上给他回了信，双方还约定了见面时间。

按照约定时间，查尔斯来到了麦金托什的牛奶铺。双方坐下来后，麦金托什用不太信任的目光看着查尔斯，直看得查尔斯低下了头，可查尔斯转念一想，自己已经26岁了，什么事都应该能充分应付了。他大声说："如果您请我当牛奶铺经理，我一定会把它经营得很兴旺——在店里供应三明治、冰淇淋、点心和咖啡——实际上，就是把我们两人的经验合起来。"

麦金托什笑了，他让查尔斯给自己一个考虑时间，几天后，他写信回绝了查尔斯。

查尔斯并不气馁，他相信自己一定能成功，但是首先他得脱离父亲的咖啡店，走自己的路，父亲见查尔斯已下定决心，便不再阻拦，而且给了查尔斯几百英镑作启动资金，还答应以后再给他1000英镑。

拿着这笔钱，查尔斯决定到伦敦去找合适的地方。他不想在偏僻的街道上开牛奶铺，要开就得上市中心去，因为那儿最热闹。查尔斯走遍了市中心的繁华街道，仍一无所获，几个星期过去了，终于有一天，查尔斯在一条街的音乐书店隔壁发现了一家空着的店铺。

查尔斯一阵欣喜，他发觉这家店铺对面是里昂茶室，再往前去是生意兴隆的ABC面包公司分店。看样子，位置不错。

查尔斯马上找到房东，提出了自己的想法。可是房东从没听说过牛奶铺，他瞪着眼睛瞅着查尔斯，摇了摇头。

房东说："我们想把店铺租给那种比较可靠的行业，特别是银行之类的！"

连着许多天，查尔斯天天来找房东，最后，房东被打动了，同意把店铺租给他，但租期是21年。21年？那租金将是个天文数字。可事情已经到了这种地步，认准的事千万不能回头。查尔斯皱着眉头，在合同上签下了自己的名字。

　　然后，查尔斯去找了父亲，说明了情况，父亲给了他1000英镑，可是自己的那点钱，再加上父亲给的，肯定是不够的，查尔斯想到了一家饮食制造厂的大股东汤姆，汤姆十分喜欢查尔斯的勇气，同意入股查尔斯的牛奶铺。就这样，查尔斯的事业开始了。

　　现在，查尔斯提到自己年轻时，总是哈哈大笑，他说一个人如果没有勇往直前的精神，那他是什么也做不成的。

·拯救"美洲虎"·

"美洲虎不行了！你买它还不如买些零件自己回家组装一辆。"这是20世纪70年代末在英国车迷中最流行的一句话。

"美洲虎"是英国兰利汽车公司生产的一个轿车牌子，曾在全世界汽车市场中大名鼎鼎，但由于公司内部人员的变动，造成该车的质量下滑，销售量更是一落千丈。为了挽救局面，公司连续换了六任总经理，可都无济于事。就在大家彻底绝望的时候，一个名叫约翰·伊根的高人出现了。

伊根对汽车行业非常熟悉，曾在美国的通用汽车公司供职，也曾在兰利汽车公司工作过，但后来因公司的错误决策，他离开了兰利，去了美国一家公司干起了汽车销售工作。虽然他这时的薪水比在兰利公司高得多，但他的心里无时无刻不在牵挂着"美洲虎"，他预感兰利公司再这样一错再错，后果肯定不堪设想。

真是给伊根猜中了。1980年年初，兰利公司已经完全处在了倒闭的边缘，公司新任的董事长十万火急找到了伊根，希望他能担任公司的总经理。伊根当时心里矛盾极了，他对自己是否能扭转兰利公司的命运实在没有一点信心，如果自己一点头，那就意味着自己将是公司的第七任总经理，这个烂摊子就得全靠他一人去收拾。他沉默了一会儿，说："我要好好考虑考虑。"

整整两天，伊根把自己关在屋子里研究所有兰利公司的资料，竟发现它目前的情况要比他想像的还要坏，于是他一咬牙，走出家门，决定去和兰利公司的董事长当面讲清楚，推掉这个聘任。

伊根把汽车开得飞快，转眼到了考文垂的旗帜路，刚好红灯亮了，他不得不停下车焦急等待。就在这时，路边一群孩子的戏耍声传进了他的耳朵，扭头一看，只见一群孩子正在开心地打闹着，看着看着，他的心里突然冒出一个念头："如果将来英国的汽车工业得不到发展，那么这些孩子长大后会怎样，难道靠政府的救济生活？"

绿灯亮了，身后的汽车喇叭声打断了伊根的思绪，也就在这个时候，他猛然改变了自己的想法，决定接受兰利公司的邀请，一定要使"美洲虎"焕发它往日的雄风，这样做不但是为了英国的汽车工业，更是为了英国的孩子。

上任的第一天，伊根感觉到公司里到处弥漫着一种无可奈何的消极情绪，于是他对公司内部进行了大刀阔斧的改革，接着又找到零件供应商们，毫不客气地说："如果你们再不提高产品的质量，我将拒绝和你们签合同。现在我们同乘在一条船上，所以一定要齐心协力，渡过这个难关。"

在伊根的整治下，仅用了两年时间，"美洲虎"的销售量又奇迹般地回升了，公司也逐渐恢复了元气，并重新雇用了数万名员工，股票也连翻了两番，成了华尔街最看好的英国股票之一。下一步，伊根打算向德国的汽车厂家发起挑战。

此时，再也没人敢拿"美洲虎"开玩笑了，人们都争相购买。英国市场上的美国车和德国车第一次遭到了冷落。经销美洲虎汽车的经营商全都笑掉了大牙，一边忙着数钞票，一边建立起一个更广大的汽车专营网络。

就这样，伊根又重振起了"美洲虎"昔日的雄风，到今天为止，美洲虎汽车公司已经成为英国同行中的佼佼者，实力丝毫不亚于世界上任何一家汽车公司。人们都说，约翰·伊根是捍卫英国国民尊严的一面旗帜。

·古堡名酒·

　　1986年2月4日上午10点，伦敦克利斯蒂拍卖行正在进行着最后一宗交易。名酒拍卖商举起了拍卖锤，大声说着："标签号254，伊盖姆古堡葡萄种植园1874年酿制的白葡萄酒，开叫点是1.5万英镑。"拍卖行的一个伙计将这瓶酒举过头顶，岁月已经使酒瓶由绿变黑，但人们都知道，在收盘锤落下来之前，这个价格至少要翻一番。

　　伊盖姆古堡酿制的葡萄酒可以说是世界第一位的。它每年只出窖7万瓶酒，能喝上这种酒的人除了王公贵族，就是百万富翁。如同伊盖姆古堡陈酿的声誉久盛不衰一样，鲁尔·萨鲁斯家族也同样赫赫有名。古堡葡萄园，从前辈们在历代皇家军团中服役时候开始，如今的主人已是鲁尔·萨鲁斯家族的第六代传人了。虽然今天的古堡由鲁尔·萨鲁斯及亲属们共同拥有，但60岁出头的亚历山大·德·鲁尔·萨鲁斯伯爵大权在握。

　　年轻时的亚历山大对于酿酒业毫无兴趣，他不想一辈子待在葡萄园里，每日同那些葡萄打交道，他想外面还有很多更重要的事等着他做。当时，家族中精通酿酒业的只有他的叔叔萨鲁斯伯爵，可是叔叔渐渐老了，有些体力不支，所以他想找个人来接班，不愿酿酒业在自己的手中失传，于是他想到了自己的侄子亚历山大。

　　亚历山大被叔叔喊去后，不知出了什么事，可是叔叔一脸严肃，好像有很多话要讲。萨鲁斯伯爵先是叹了口气，然后说："孩子，跟我去看看我们这个家族的荣耀！"说完，他把亚历山大领进了一间外人不能进的房间。

　　一进房间，亚历山大惊呆了，屋里挂着各种各样的奖章和名人签名，亚历山大没料到自己家的酒会受到如此多人的喜欢。

　　萨鲁斯等亚历山大看完后，说："孩子，你现在明白我们家族在社会上为什么会受人尊敬，有那么高的地位了吧。这完全是因为我们酿制的酒，可是我老了，慢慢没有精力去做很多事了，我需要一个人来接替我，我想来想去，你是最聪明的，惟有你能酿出最好的酒。我相信你能在这一行中找到无比快乐的兴趣。当你酿出好酒时，你会觉得伊盖姆酒是我的提琴，现在该轮到我用它来拉出最美的旋律了。"

　　叔叔的一席话让亚历山大久久不能平静，回到自己的屋子后，他考虑了半天，终于决定从叔叔手中接过酿酒的这门手艺。

　　为了掌握酿酒术，经营好葡萄园，亚历山大特意前往波尔多大学酿酒研究所深造，在那里他明白了葡萄酒是如何酿造的。掌握了一些初步知识后，亚历山大回到了庄园，跟着叔叔学习酿酒的技术。

　　亚历山大在庄园里一待就是一辈子。时间让他明白了这里也是趣味无穷。比如说，任何一个葡萄的收获都有一个微妙的采摘时机问题，由于土壤不同，葡萄园与葡萄园之间的海拔高度不同以及葡萄园的受光角度不同，每一块葡萄地的收获时间也不同。而且，葡萄不是同时成熟的，所以必须一串一串地摘。每到了葡萄成熟的季节，亚历山大总要亲自来到葡萄园里，蜷着身子钻到葡萄架下，用大剪刀剪掉那生长发育不健全的以及腐烂成灰白色的葡萄，接着把符合酿酒标准的葡萄，一串串地剪下来放进筐里。

　　自从1968年从叔叔那里正式接管古堡以来，亚历山大伯爵对酿酒工艺进行了持之以恒的研究，甚至到了自己同自己过不去的程度。如此精益求精为的是酿酒工艺达到炉火纯青的水平，图的是无懈可击。1972年，整个古堡葡萄园浸泡在连绵阴雨中，亚历山大已感到收成没有什么指望了，而葡萄园的园农们仍在全力以赴地工作，期待着奇迹的出现。尽管园农们没有错过任何一次雨水暂停的机会，整个采摘期还是延续了两个半月之久。当这些葡萄酿成酒后，亚历山大认为产品绝对达不到标准，于是做出了一个连他叔叔都引以为豪的决定：所有的酒都作为普通的索泰尔的白葡萄酒处理给分销商。

　　今天，伊盖姆古堡白葡萄酒，只能小批量地出售给世界上那些交了好运的买主，并且，这种酒在拍卖会上还创下每瓶5.3万美元的最高纪录。

·东山再起·

吉姆·斯特莱是20世纪60年代英国的一个亿万富豪，他的名字在英国几乎人人皆晓，人们都说他是英国最会赚钱的"机器"。可是后来，由于市场的崩溃，他一夜之间破了产，成为双手空空的穷光蛋，然而令人意想不到的是，几年后，他竟东山再起，又从商海中浮了起来。

吉姆还没发迹之前，曾在别人的公司当会计，平时没事的时候，就去炒股票。他炒股票不像别人，又研究这又研究那的，而是凭自己的感觉，把全部的家产都购买他认为有前途的一家公司的股票，他说，这样做是为了不分散冒险。真是神了，吉姆用他独有的逻辑，3年之后，竟把自己投进股市的2800英镑，滚成了5万多英镑。

起先吉姆只是做一些小额的证券生意，随着事业的蓬勃发展，他弄到大笔证券生意的许可证，成立了吉姆——沃尔克证券有限公司，开始进军银行、投资和工业等方面。7年之后，这家公司成了欧洲屈指可数的大财团。

成功来得如此快，但危机来得更快。1973年，证券市场发生了大崩溃，银行面临着前所未遇的危机，吉姆苦苦支撑了两年，实在没有回天之术，只得辞去公司董事长的职位。此时，他成了一个不折不扣的穷光蛋，不但权势、地位都没有了，还欠下了银行一大笔贷款。

这段时间，吉姆好像一下子老了10岁，后来他回忆说："当时真的想到过死！我想不管是谁，一夜之间从一个亿万富翁变成人人都看不起的乞丐，都会发疯的。但惟一让我坚持下来的是我的那群朋友，没有他们的安慰，我今天还不知道会怎样呢！"

经过一段时间的反省，吉姆又投入生意场，但做生意需要本钱，他口袋里几乎一个子也没有，于是他去了联合证券银行，打算同银行借点钱。

银行经理听了吉姆来意，一脸为难的样子，他说："不是银行不愿借钱给你，而是你还差银行贷款没还清呢！"

吉姆早就料到他会这么说，便心平气和地说："我知道我还欠你们钱，不过我现在有个好计划，保证能赚到钱还贷款，就看你们肯不肯拉我一把。"说到这儿，他停顿了一下，然后用手一指门外："我还有一辆劳斯莱斯高级轿车在外面停着，如果你们硬要逼我还贷的话，就把它拿去吧。不过我现在谈生意全靠它，没了它我也没了信誉，那我再也没能力赚钱来还你了。"

银行经理陷入了沉思，一时拿不定主意。吉姆又说："要么你们借钱给我东山再起，要么就死了让我还贷的心吧，到底怎样好，你看着办！"

话说到这个份上，银行经理也不好再拒绝了，就说："我就再相信你一次，不过，今后你在生意上的一举一动要受到我们银行的监督。"

离开银行，吉姆又去了保险公司，从那里又贷到一些钱，然后变卖家里所有值钱的东西，开办了一家房地产公司，同时他还写儿童小说，赚一些稿费，生活这才慢慢有所改善，就在这时候，他又回到了让自己飞黄腾达的股市。

股票又让吉姆扬眉吐气了，4年后，他用自己赚的钱还清了所有的贷款，接着，他在北美洲创办了一个百年矿业公司，专门开采金矿，同时还在泰晤士河、安嫩河等几个地方买下了几家渔场。

就这样，吉姆又恢复了往日的自信，重新成了亿万富豪，他逢人就说："我的前半辈子是一场梦，现在才是我人生的真正开始。"

·科学家变成大企业家·

第一次世界大战爆发了，英国、法国在西线同德军对峙着，不久就进入了相持阶段。

但就在这时，许许多多的问题接踵而至，其中最主要的是官兵武器问题，当时英国兵工厂所造枪炮使用的钢铁本来质量就不高，非常容易生锈，再加上仗打得时间长了，官兵们也没时间保养，于是，这么一来，枪膛里锈迹斑斑，枪几乎成了一种摆设。

为了解决这个令人头疼的问题，英国国防部特意找来国内著名的金属专家哈里·布诺雷，要他尽快冶炼出更合适的金属做武器。布诺雷不敢怠慢，立即投入了研究，他没有像以往那样按部就班地进行实验，而是在冶炼的时候，朝里面投进各种不同的有色金属，并不断改变它们的比例，希望能达到预定的目的。可是，要想在最短的时间里造出一种全新的金属谈何容易，就这样，无数次的实验换来的是一堆堆废铁。

这天，布诺雷又让工人在冶炼时投入一种当时十分贵重的有色金属铬，过了一会儿，一支新枪造出来了，它的外观十分漂亮，闪着耀眼的银光。可是，这种枪中看不中用，第一次射击的时候，枪管就炸裂了，原因是枪的材质太脆。布诺雷大失所望，随手把它扔进了垃圾堆。

一晃半个月过去了，多日的阴雨也终于停了。布诺雷外出办事，匆匆经过厂里的废铁堆，突然，他被一束光线射花了双眼，回头一看，原来是一支破裂的枪管在太阳的照射下反射出的光，奇怪的是，那里堆的废铁全都因为连日的阴雨锈得不成样子，惟独那支添加过铬的枪管依然光亮如新，一点生锈的样子也没有。

这是怎么回事？布诺雷顿时来了兴趣，他小心翼翼地捡起那支枪管，将它带回了实验室。

经过成分分析，布诺雷确定了金属的含铬量和含碳量，接着又对它做了锈蚀的实验，结果表明，这种合金钢在任何条件下都不会生锈。布诺雷拿着它左看右看，心里又惊又喜，他毫不犹豫地为这种漂亮的金属起了个名字——不锈钢。

布诺雷清楚，现在战火纷飞，这种合金钢既不能造枪又不能造炮，要想推广可不是件容易的事，但是不管怎样，总该替它找一条出路，让更多的人见识到它的神奇。布诺雷首先想到的顾客是一家餐具公司，因为那家餐具公司的老板是布诺雷的朋友，曾在他面前抱怨过许多次，说盛汤盛菜的器皿以及那些铁制的餐具太容易生锈，有时甚至让就餐者恶心。当这位老板看见布诺雷带来的不锈钢时，眼睛都直了，他当场拍板，订购一批不锈钢。

不久，餐具公司用布诺雷提供的不锈钢造出了一大批刀、叉、盘、碟，刚一投入使用，就大受欢迎。好多家庭闻风而动，纷纷抢购这种像银餐具一样美丽，又不必经常擦拭、价格又低廉的新产品。

布诺雷见状决定成立一家公司，专门从事生产。不久，布诺雷公司研制出的不锈钢也从餐桌走进了各个领域，成了化学工业、食品工业等部门的骄子，布诺雷也由此大发其财，由科学家变成了大老板。

·无形的价值·

最近，法国RG内衣制造公司的董事长兼总经理阿兰·鲁洛的心情特别不好，因为他们的订单越来越少，如果再这样下去的话，后果将不堪设想。

阿兰倒背着手在屋子里走来走去，他刚刚给手下下了命令，让他们去调查产生这种情况的原因，同时，他还给每位职工发了一张表，让大家给他提意见。仅仅一个上午，阿兰便得到了职工们的意见书。看完意见书，阿兰长长出了口气。看样子毛病不是出在他这里，那到底是怎么回事呢？阿兰苦思冥想，他到劳资部门的经理处找来职工的考勤表，结果发现，表上职工的缺勤率竟有20%。

为什么我的企业吸引不住人呢？阿兰为了调查清楚，决定来个化装私访，给自己贴上小胡子，戴上假发，把自己打扮成一个送货的，出现在生产车间里，车间工人正在休息，可是大家话都不多，而且都懒洋洋的。阿兰直接走到一个年轻人跟前，拍了拍他的肩，问道："年轻人，怎么垂头丧气的？"

年轻人瞥了一眼阿兰，用力把手中的抹布扔在地上，骂道："他妈的，这个鬼工厂，谁都不想在这儿干。老板太贪心了，除了让我们干活，连一点娱乐都不给我们。你看到没有，今天我们这儿又有好几个人请假，我要不是孩子太小，家里需要钱，我也会请个长假，出去放松放松的！"

阿兰清楚了，他想或许是怪自己没有给职工一个轻松的环境，让大家太紧张了。他马上叫人取来钱，要先为大家建一个网球场，然后再建一个游泳池，他希望职工感到公司像自己的家一样温暖，这样，不仅能增加职工的团结性，说不准还有意想不到的其他效果。

在阿兰的督促下，三个月后，网球场和游泳池在厂区里建成了。服装厂的职工都奔走相告，很多平日缺勤的职工也回到了厂里，他们中有的人甚至都不想回家了。看到这一切，阿兰心里非常高兴，半年过去了，网球场和游泳池给阿兰带来了他没有料到的好处，一来是职工的身体素质得到了提高；二来，产品的废品率竟直线下降，同时，职工的缺勤率也从20%降到了5%。

阿兰的服装厂创下了最高的销售纪录。一时间，阿兰成了同行们经常谈论的话题，大家纷纷向他请教成功的秘诀。

这样一件简单的小事，又使阿兰明白了另外一个问题，他要经常去了解职工的心理动态，惟有如此，他才能了解他们所想，为他们解决问题，职工们才更加相信他，到头来，受益最大的还是他自己。

于是，每天工作结束后，阿兰总要抽出一些时间去网球场或是游泳池，和职工们一起说笑，一起运动，又一年过去了，本来一身病的阿兰竟充满了活力。很多人才纷纷来找阿兰，想为阿兰出力。

阿兰取得了成功，一位记者来采访他，他把记者拉到正在兴建的另一处娱乐中心。阿兰指着推土机说："瞧，现在嘛，水还有点浑，等到全部工程结束后，这里的水会像游泳池一样清澈，到时候水边再铺上些沙子，安装上遮阳伞，预备几条小帆船，这样的工厂，会不讨人喜欢吗？"

在法国的企业里，像阿兰这样的企业家正越来越多，他们注重和职工的关系，着意创造一种新型企业，打破过去那种令人窒息的等级制度，改善压抑的工作节奏，从而让每个人都能为企业发挥自己最大的能力。

·请换领带·

　　莫罗尔先生是德国一家知名照相器材企业的董事长。这天，他要接见一群远涉重洋的同行——日本一个株式会社的访问团。

　　三年前，莫罗尔在改善了自己产品的质量后，日本的那家株式会社就一直在市场上跟自己明争暗斗，所以，他们这次的访问，使莫罗尔有些纳闷，搞不清他们葫芦里卖的是什么药。

　　双方一见面，莫罗尔就发现，这些人是有备而来的。于是，他一再提醒自己，千万要小心行事。果然，日本人在抛出一大堆恭维的客套话后，便要求去参观一下莫罗尔的实验工厂。

　　莫罗尔出于国际交往的礼貌，实在不好拒绝，只得点头同意。按规定，大家换上了工作服，到车间参观。一路上，他为了防止日本人搞什么盗窃产品资料的小动作，就和他们寸步不离。

　　一行人有说有笑地来到了实验工厂的制造显影液车间，日本访问团的团长掏出手帕，擦了擦额头的汗，然后叽里咕噜说了一大通，意思是车间温度太高了，自己热得不得了。说完，便解开了来之前刚换上的工作服纽扣，接着又把里面西装的纽扣也解开了。

　　莫罗尔当时也没在意，车间是全封闭的，的确比较热。就在这时，日本访问团里别的成员围住了他，你一句、我一句，滔滔不绝地议论起如何改进显影液质量的问题，使翻译忙得一刻儿也不停嘴。

　　莫罗尔一边不紧不慢地回答着他们提出的问题，一边注视着在车间里来回走动的那个日本代表团团长。这时，莫罗尔发觉，这个人的举动有点不对头了。

　　只见那团长随意走到一个盛着新型显影液的器皿前，脱下他的那副高倍近视眼镜来，俯身凑上去看器皿上写的字。也不知他是因为近视，还是看不懂上面的英文，他摇了摇脑袋，回到了莫罗尔的身边，并扣上了衣服的纽扣。

这一切，全被莫罗尔看得一清二楚，刚才，就在那团长弯腰看字的一刹那，他西服里的领带正好顺势垂进了显影液的器皿中，自己新配制的显影液已被他沾到了领带上。

莫罗尔心想：看来他们此行的目的是来偷显影液的！如果他们把显影液带回去研究，自己多少年的心血全都白费了。

日本访问团参观结束，纷纷上前向莫罗尔告辞。

莫罗尔出乎意料地请他们等一下，然后转身在秘书耳边耳语了一番。秘书一点头，出去了，没过一会儿，他又回来了，只不过手里多了一只盘子，盘子上摆着一条同那日本团长脖子上一模一样的领带。

几个日本人脸色陡变，只听莫罗尔说道："团长先生，实在不好意思，刚才你的领带搞脏了，现在我特意让秘书去为你准备了一条新的领带。"那团长连连摆手，刚想推辞，莫罗尔已走上前来，亲手为他解下了领带，把盘子里的新领带为他换上。

尴尬的日本团长有苦难言，只好连连鞠躬道谢。就这样，莫罗尔先生不动声色地维护了公司的利益。

·浇花时的奇想·

180多年前，德国的一名林业工人无意中发明了自行车，从此以后，自行车作为一种廉价的交通工具，风靡了全世界，可当时的自行车有个最大的缺陷，就是太颠簸，让骑车的人很难受。这个问题60年后被一个叫邓禄普的人解决了。

邓禄普是苏格兰的一名医生，每天都有一大群骑自行车摔伤手脚的人请他救治。

这天下午，他刚送走几个摔伤的病人，想到诊所后面的花园去浇花，可还没走出门，就听屋外有人喊："邓禄普医生，快来呀，您的儿子摔伤了！"

邓禄普一听，慌了，心想，这小子肯定是骑自行车摔的。跟他说过多少次，那玩意不太安全，可他就是不听！他一边想，一边奔出大门，果然，儿子在邻居的搀扶下，正满头是血地往家走。邻居看见邓禄普，赶紧说："他本来骑得好好的，谁知一下硌到一块石头上。您快给他瞧瞧，可别伤到身体的其他地方了。"

检查一番后，邓禄普松了一口气。真是万幸，儿子除了头上摔了一个大口子外，其他部位都没事。儿子等父亲把伤口包扎好，竟又推着自行车，向门外走去，邓禄普一把拽住，板着脸说："你不要命了，还想再来一下吗？"

儿子毫不在乎，嘻嘻一笑，说："没事，谁没有摔过，这不正是锻炼一个人勇敢意志的好机会嘛！"

邓禄普拿儿子没办法，只得由他去了。这时他忽然想起来，自己还没浇花，于是匆匆来到花园，可他心里老惦记着儿子，生怕他再出事。

正想着，邓禄普无意间使劲捏了捏浇花的皮管，只觉得水在捏紧的皮管里迅速鼓胀起来，随着他越捏越紧，那股弹性也变得越来越强。

邓禄普心里不由一动，萌发了一个奇想：要是把充满水的密封橡皮管套在自行车的轮子上，那么，车子不就有弹性了吗？这样一来，骑车的人就不会被它颠出事了。

想到这儿，邓禄普就动手拿儿子的自行车做实验。他把轮子拆下来，量好尺寸，然后密封好橡皮管，设法在其中注满水，再装回到轮子上。当他把车子重新装好后，叫儿子出来骑着试试。儿子骑着车子在家门口遛了几圈，欣喜万分，他感到身体不再颠了，自行车也变得轻快了许多，即使路上有小石头也不会动不动就翻车了。

邓禄普医生改良自行车的消息很快在他家附近传开了，许多自行车爱好者纷纷找上门，请他来为自己改装自行车。随着慕名而来的人越来越多，邓禄普干脆关闭了自己的小诊所，开了一家工厂，专门生产自行车轮胎，并把生产的轮胎命名为"邓禄普牌"。这种轮胎果然在市场上供不应求，邓禄普为此也发了财。

100多年过去了，虽然邓禄普早已不在人世，但他的"邓禄普牌"轮胎却遍布了全世界，成为世界上质量最好的轮胎之一，而"邓禄普公司"更是成为世界知名的跨国企业。

· 彼尔的猎人公司 ·

西方许多大财团的经理们不得不承认,一批精明能干的年轻人比他们学识更丰富,又更懂得竞争。这些年轻人常常让他们感到既爱又怕,但又拿这些年轻人一点办法也没有,因为这些年轻人是"猎人"。

彼尔-汉森是德国一家猎人公司的经理,公司的名称叫"猎取人才者",他们专门为一些机构去寻找最需要的人才。这天,一家广告公司找到了彼尔,向彼尔提出了他们的要求:要找一个对广告非常精通、同时又对广告市场非常了解的人。彼尔坐在办公室里,笑眯眯地看着来人。他知道这时应该使对方相信自己,不能让对方有任何紧张感。彼尔站起身,走到门口的柜子前,打开柜子,从里面拿出两个杯子,倒了两杯酒,其中一杯递给了来人。然后,他说:"我们会为您尽最快的速度去办的,这样吧,您稍等一会儿,我让秘书送一些资料给您看看,或许那里有你要的人。"

彼尔给秘书打了个电话,让他把公司里那些适合来人要求的材料送来。10分钟后,秘书就把一份材料送到了客人手里,客人仔细地看着,可是他一边看,一边摇头,似乎对一切都不满意。看完最后一个后,客人无奈地耸了耸肩,"真对不起,我对你的这些人才实在没兴趣!"

彼尔笑了,反问道:"真的吗?如果要是那样,您还能再仔细讲讲您的要求吗?"

客人又重复了一遍,彼尔让秘书全部记下来,并和客人约定,下个星期的今天,让他再来一趟。

短短的一个星期,彼尔忙开了,他通过各种渠道,了解了很多大广告公司的情况,并对那些公司里一些举足轻重的人作了纪录,因为这些人都是他们"猎取人才公司"的目标。

按照约定的时间，客人又来了，彼尔又笑脸相迎。他把资料往客人的眼前一放，请他仔细看有没有满意的，客人认真地翻着，看得越来越慢，脸上的神色越来越惊奇。突然，他停止了翻阅，指着其中一人的资料惊奇地问道："据我所知，资料上这个人可是广告界的一个名人，而且他也有工作，你们怎么能让他……"

彼尔挥了挥手，"那您就别管了，如果您看上他了，我们会想一切办法，让他到你们的公司去工作，但是你们对于我们的活动要配合，否则你们不会找到令你们满意的人才。怎么样，要是您同意的话，我们可以先签个意向合同。"

"好，我同意！"客人爽快地答应了，可就在他拿起笔的那一刻，脸上又露出了犹豫的神色。

这一切都没有逃出彼尔的眼睛。彼尔笑了，他拍拍客人的肩膀："我晓得现在你在想什么，你是害怕我哪一天再把这个人才从您的公司里挖走，是吧？"

客人见彼尔讲出了自己的心思，也就不想否认了。

彼尔指指合同说："我们替客人们都考虑到了，您仔细读读合同的条款，就会放心的。"原来，合同上还有一条，也就是说对于客人公司里面的人才，"猎头公司"在两年内不得打他们的主意。

客人长长出了口气，不用提心吊胆地担心"猎人"们会再来挖他们的墙脚。

和客人签了合同后，彼尔想了许多办法，把客人要的人才从别的公司里挖了出来。像这样的事彼尔干得很多，闹得很多大财团提心吊胆的。他们纷纷和猎取人才公司签订合同，用这种办法，他们既可以确保自己企业不断物色到新的人才，又得到保证，那些猎头公司不会在他们员工身上打主意。

现在彼尔的"猎取人才公司"在不断发展着，并努力做到专业化。他们相信没有猎取不到的人才，不过，如果你想找彼尔的话，那要看看口袋里的钱够不够，因为他们的费用要占到被猎取到的人才收入的1／3。

·和希特勒谈判·

洛斯查尔斯家族是奥地利最大的财阀，生意遍布全世界，然而就是因为他们太有钱了，在第二次世界大战中遭到了希特勒的红眼，要不是他们沉着应对，机智过人，现在很可能一无所有了。

1933年，希特勒成立了第三帝国，明显暴露出吞并奥地利的野心。由于希特勒是一个狂热的反犹太主义者，所以奥地利的犹太人纷纷逃亡，这里面就有大名鼎鼎的洛斯查尔斯家族。

随着德军一天天逼近，洛斯查尔斯家族的大部分成员都有计划地撤离了，但还有一些财产没来得及转移。于是，家族里的路易·拿撒索尔男爵打算赶在德军之前回去一趟，把财产安全转移。可他没想到，德军的速度快得惊人，转眼就占领了奥地利，并很快查封了家族所有的财产，最后还逮捕了拿撒索尔男爵。

洛斯查尔斯家族的名声希特勒早有耳闻，可他最感兴趣的还是他们的巨额财产。如果能吞掉这笔钱，就可以再装备一支部队了。希特勒明白虽然现在洛斯查尔斯家族的人都逃得差不多了，但自己手里有一张王牌，那就是拿撒索尔男爵。想到这儿，希特勒脸上不禁泛起了一丝冷笑，他立刻命令人带话给逃亡在外国的洛斯查尔斯家族成员，让他们用在奥地利的财产和持有的威克维兹公司的全部股权来交换拿撒索尔，如若不然，就等着给男爵收尸吧。

这可能是人类有史以来一笔最昂贵的赎金。希特勒所要的威克维兹公司位于捷克境内，是中欧最大的煤矿和钢铁企业，拿走它，就等于中欧各国今后都必须从德国人手里购买煤炭和钢铁，而洛斯查尔斯家族也由此要宣告破产。

　　逃亡在外的洛斯查尔斯家族收到消息后，并没有惊慌失措，相反，他们相视一笑，长长吐了口气。原来，早在两年前，洛斯查尔斯家族就预料到会有这一天，于是把威克维兹公司的股权转移到英国一家保险公司的名下，这一切做得十分巧妙和隐秘，而英国的那家保险公司实际上就是洛斯查尔斯家族自己开的。

　　希特勒当然不知道自己的如意算盘打错了，还以为手上握有人质，万事都好办，没料到洛斯查尔斯家族竟传话来，要约个时间和他谈判。希特勒先是一愣，随后哈哈大笑："谈就谈，我倒要看看这些有钱人耍什么花样！"

　　谈判开始了，从一开始，洛斯查尔斯家族的人就面无惧色，在谈判桌上寸步不让，到后来，他们竟先提出条件，说只要放出拿撒索尔男爵，就可以以300万英镑的价钱转让出威克维兹公司的管理权。

　　这还得了，从没有人敢向希特勒伸手要钱，希特勒气得当场暴跳如雷。

　　洛斯查尔斯家族的人也毫不示弱，他们明白一旦自己流露出害怕的神情，别说救不出拿撒索尔男爵，连自己都不可能活着回去。

　　既然双方僵持不下，谈判当然无法继续下去了。等洛斯查尔斯家族的人一走，希特勒就立刻下令，入侵捷克，占领威克维兹公司。当希特勒兴高采烈来到威克维兹公司时，才知道它已经处在英国保护伞之下。

　　国际法当前，希特勒当然不敢拿威克维兹公司怎么样，于是，他重新找回洛斯查尔斯家族的人，继续谈判。这回，希特勒没有当初嚣张了，乖乖答应了对方的条件，用290万英镑买下威克维兹公司以及洛斯查尔斯家族在奥地利的一般财产，同时他还答应护送拿撒索尔男爵安全抵达瑞士。

　　就这样，洛斯查尔斯家族终于战胜了纳粹头子希特勒，取得了最终的胜利。他们周密严谨、滴水不漏的谈判艺术不但让其他人津津乐道，就连希特勒都钦佩不已，输得心服口服。

·最好才算好·

　　"最好才算好"是丹麦乐高公司总经理歌费德的一句座右铭，凭着这句话他不断努力，建立起了庞大的企业集团——乐高公司。

　　歌费德原是个穷木匠的儿子，1920年出生于丹麦必尔隆。必尔隆那时只是一个贫穷的小村庄，村民不超过100人，男的大都在村子四周的沼泽地从事耕作。歌费德的父亲奥尼是村中木匠，常替村民做门窗、柜子。

　　歌费德7岁到村中惟一的小学去念书，那时，由于村里穷，一、二、三年级的学生共用一间教室，老师也只有一位，因此歌费德得隔上两天才能上一次课。

　　20世纪30年代，丹麦出现了经济大萧条，歌费德父亲的小木器厂也面临破产。1932年，一个玩具批发商来到木器厂，订购了一大批玩具，可当玩具全做好的时候，玩具商却破产了。这样一来，就等于把歌费德一家推进了火坑。歌费德一家整天唉声叹气，歌费德的父亲想出了用木玩具和别人换东西的办法，没料到，这批玩具竟都换了出去。这样一个偶然的机会，确定了木玩具是歌费德父亲工厂生产的主要产品。

　　歌费德小时候的理想是当个机械师，可在他14岁时，父亲便没钱送他上学了，为了满足他的爱好，父亲推荐他去一家机械厂当学徒。歌费德左想右想，还是决定留在家中帮助父亲，因为家里太需要一个帮手了。这年，他的父亲让他为玩具厂起个好听的名字，调皮的歌费德想到了"玩得好"这个词，"玩得好"在丹麦文中打头两个字是"LE、GO"，就这样，1934年，乐高成了公司及其产品的名字，

"LEGO"在拉丁文中的意思是"我聚积，我把东西放在一起"，吉利的名字给歌费德带来了好运，也预示着乐高公司良好的发展前途。

歌费德放弃童年时想做机械师的目标，在玩具厂安下心来，在他17岁时，就开始自己设计玩具。在他设计的玩具中，最畅销的是一种装有四只轮子的小木鸭，只要把小木鸭拉着走，鸭子便会发出嘎嘎的叫声。

20世纪50年代以后，乐高公司便出现经营不景气，歌费德为此事急得坐立不安，他头脑里每天想的都是玩具店的将来。经过仔细地考察，他发觉市场上缺少一种可以大量生产的系列产品，在考虑了几个月后，歌费德写下了理想玩具的十大条件，这就是乐高玩具制度的诞生。方向摆正之后，乐高公司又开始向前发展。

可是，1958年，歌费德的父亲去世，在歌费德成为乐高公司掌舵者的两年后，乐高公司制造木玩具的部门第三次被焚烧。歌费德决定改变生产方向，集中精力发展塑胶做的乐高玩具。歌费德的这一选择，让公司走上了新的旅程。乐高公司的业务在20世纪60年代蒸蒸日上，新产品不断问世，公司开始向欧洲及世界各地扩展。

到了20世纪70年代，第三代接班人——歌费德的儿子开德，开始参与管理公司的业务，这时歌费德完全可以在家里清闲地养老了，但他仍每天坚持上班。一天，他工作累了，他的太太提议他去必尔隆城走走，他却惊叫起来："在工作日去散步，人家会怎么讲！"

终于有一天，歌费德老了，干不动了，他回到了老家。在回老家前，他把以前连一条碎石路都没有的荒僻小村，建设成了丹麦地图上的名胜地。1964年，在他的支持下，必尔隆飞机场完工启用，今天，这个机场是丹麦第二大飞机场；1968年，他创立了乐高公园，把乐高制造的各种玩具模型在那里作永久性的展览；1973年，他建立了必尔隆中心，并赠予该地居民。

对于歌费德的成功史，人们总是充满了敬意，对他的所有称誉中，最好的要数丹麦女王的一段话："全球一亿孩子都玩你的乐高砖，他们能同时发展他们的想像力和创造力。这一定使你觉得很快乐！"

·报业大王默多克·

　　知道谁是世界传播业的头号大老板吗？他就是鲁珀特·默多克。如果你没听说过他的大名，那真是太遗憾了。

　　1931年，默多克出生在澳大利亚的墨尔本，他的父亲是一个很有成就的办报人，在阿德莱德市办着《先驱报》等四家报纸。可是在默多克21岁那年，他的父亲不幸去世了，办报的重任自然就落在了他的肩上。

　　在英国牛津大学学习的默多克回到澳大利亚，竟发现父亲留下的那几份报纸财政十分混乱，母亲也无心经营，正忙着转让。默多克知道，如果报纸转让他人，那父亲一生的心血就白费了，惟一的办法就是说服母亲，让她相信自己的能力。

　　听完默多克苦口婆心的劝说，母亲沉默了，她也不忍心看见丈夫的心血就这样毁在自己手里。

　　默多克一眼看透了母亲的心思，急忙说："相信我吧，我一定会……"

　　"可是你才20岁出头，还是个大孩子呀！"母亲打断了儿子的话，满面愁云。最后，在默多克一再坚持下，母亲终于松了口，但只同意保留下《新闻报》和《星期日邮报》这两份报纸，让默多克先试着干干，不行的话，再另做打算。

　　好不容易争取到的机会，默多克当然会竭尽全力了。他安排好公司的一切，马不停蹄地赶到伦敦，报名参加了当地一家大报的培训。两个礼拜后，默多克重新回到澳大利亚，正式走马上任，担任起了出版人。

仅仅干了几天，默多克就发现了一个奇怪的问题，从父亲创办《新闻报》、《星期日邮报》到现在，报纸几乎没有盈利过！这是为什么呢？要知道，阿德莱德市的人口有将近50万，是澳大利亚的第三大城市，照理说这两份报纸不会经营得如此惨淡呀？看来，父亲生前只是个天才的记者，而不是个真正的企业家。从那天起，默多克开始了紧张的工作，写文章，定标题，设计版面，拣字排版……不管什么事情，他都要亲自动手，每天弄得浑身上下都是油污，不知道的人还以为他是车间里一名普通的工人呢。

看他没日没夜地忙活，有人好心地劝说道："干嘛那么辛苦，把自己搞得像上了发条似的，那些活让别人去干不也一样吗？"

默多克没有做声，转身走进车间，依然坚持用自己的方式工作着。两年后，他付出的汗水终于得到了回报：《星期日邮报》同最大的竞争对手《广告报》合并，同时《新闻报》也获得了极大的成功，成为阿德莱德市发行量最大的报纸！

儿子取得这么好的成绩，母亲当然高兴了，可再看看儿子日渐消瘦的面颊，又忍不住心疼起来，这下，轮到她来劝默多克了："孩子，你也该休息休息了，别累垮了身体呀！"

默多克笑而不答，此时他的心里有了更大的目标，那就是让全世界的人都能看到他出版的报纸。默多克深信，这一天很快就会来到。

一次偶然的机会，默多克听说珀斯市的《星期日时报》由于经营不善，已经到了濒临倒闭的边缘。珀斯市在澳大利亚的西海岸，人口35万，只要能吃下《星期日时报》，就能让自己的报业公司在西海岸产生巨大的影响。想到这一点，默多克当机立断，用40万美元兼并了这家报纸。

消息传开，整个澳大利亚报业一片哗然，那些行家里手实在不明白默多克心里是怎么想的，《星期日时报》这个烂摊子，简直就是一块烫手的山芋，除非是疯子、傻子才敢接管它，看来默多克这次注定要失败喽！

奇迹再一次发生了。原本死板枯燥的《星期日时报》，在默多克手里竟一夜之间脱胎换骨了，从标题制作到版面设计都有了巨大的变化，那些大胆鲜明、丰富多彩的栏目顿时吸引住了珀斯市居民的眼球。很快，该报的发行量迅速增加，企业扭亏为盈，同年，默多克的报业集团宣布成立。

从此，再也没人敢小看默多克了，人们眼睁睁看着他在世界各地收购了一家又一家报纸，接着又跻身进入了电视和电影业……

默多克经过20多年的奋斗，终于建立起自己的传媒帝国，同时也成为世界上屈指可数的超级富豪。

·汽车大王福特·

1891年的秋天，美国底特律南郊一个叫迪尔本的小镇突然爆出了一条大新闻：28岁的农场主亨利·福特，将放弃他所拥有的40英亩土地和衣食无忧的生活，要去底特律城的爱迪生照明公司当一位普通的夜间值班工程师！

这个消息犹如一枚重磅炸弹，在小镇上掀起了轩然大波。人们私下议论道："可怜的亨利，他彻底被那个怪物搞疯了！"

"活该，谁叫他把时间和金钱都浪费在那玩意儿上面……"

究竟是什么让福特如此入魔呢？汽油车！就是人们现在叫做"汽车"的东西，而那个时候人们则把它称作是"不用马拉的车"。

早在很久以前，汽油引擎刚刚问世，福特就萌生了把它使用在交通工具上的想法，为了使美梦成真，他决定放弃乡村悠闲的生活，去创办公司，去当老板，去干出一番真正的大事业。从那时起，福特开始学习关于引擎的知识，并好不容易制造出了一部蒸汽机车，可是这部车速度很慢，一次只能行驶12米，与想像中的差距太远。看来，要想实现这个计划，必须还得具备电气方面的知识，于是，他做出了那个令所有人震惊的举动——去底特律城的爱迪生照明公司做一名小职员。

这一切实在太突然了，从没离开过家乡的妻子刚一听说，泪水就滑出了眼眶。福特不知怎么安慰才好，愣了半天，拿起一张纸，在上面飞快地勾画出他想像中的车体形状，然后摆在妻子的面前："看，这就是我的汽油引擎车，它将不用马拉，就能把我们带到任何想去的地方。相信我，这一天不用多久就会来了！"

　　就这样，福特带着年轻的妻子，告别家乡和亲人，来到了底特律，在穷人区租下一间破旧的公寓，正式成为爱迪生照明公司的一名普通职员。那段日子，他只要一有空闲，就闷头扎进家里，没日没夜地进行着汽油引擎实验。两年后，福特的汽油引擎终于试制成功，但这不过是第一步而已，紧接着他将面对更加艰难的整车研制。

　　1896年6月4日凌晨，一阵欢呼声突然从福特的造车场里传出。福特的妻子还没入睡，以为发生了什么意外，赶紧从床上跳下来，跌跌撞撞地奔向造车场。那个造车场其实是屋后的一间小砖房，原先是堆煤用的，当中的空位正好能容下福特制造的车子。当她来到小砖房的门口，看见福特和他的两名助手像疯了一样，围着车子手舞足蹈。

　　这时，福特也看见了站在门外的妻子，忙三步并两步地冲出来，一把将她搂在怀里，声音颤抖地说："成功了！我成功了……"说话间，两滴亮晶晶的东西从眼角滚落了下来。

　　"先生，现在可以试车了吗？"助手也激动得要命，迫不及待地喊道。

　　"试！马上就试！"福特缓过神，拉着妻子走进屋里，可是车体比房门大得多，根本无法推出去。福特来不及细想，以最快的速度跑回家，拿来了一把斧头，然后朝着小门两侧的墙壁用力抡去。只听"轰"的一声，门口的半面墙轰然倒地。

　　早已进入梦乡的邻居们被巨响惊醒，纷纷跑了出来。当他们看到福特身后那个铁疙瘩，忍不住窃窃私语，谁也不知道这"奇形怪状"的家伙是干什么用的。

　　的确，这个像马车又不是马车的铁疙瘩上装着四只自行车的轮子，底盘是马车架改装的，动力传动仅靠一根连接发动机与后轮的自行车链条进行，而且没有刹车装置。与其说它是一辆汽油车，不如说是"四轮车"更确切一些。

　　在众目睽睽之下，福特得意洋洋地跃上了驾驶室，准备亲自驾驶他的第一辆汽车，到大街上兜兜风。这个时候，外面下起了细雨，四处一片漆黑，一名助手把围观的人疏散开后，骑上自行车在前面为福特当起了向导。

这辆不用马拉的"四轮车"平稳地上路了，它的引擎为4马力，有两档速度，分别为15公里和30公里，但它只能进不能退，要想倒车，必须下车来推。即使这样，福特驾驶起来，心里也比灌了蜜还甜，感觉自己好像插上了翅膀一样。

谁知车子行驶一阵后，忽然抛锚了。站在马路两边看热闹的人开始起哄了："什么玩意儿呀，简直像只乌龟！""亨利，别做白日梦了，还是滚回你的农场种田去吧！"

福特毫不理会，仔仔细细检查了一遍，发现是点火装置出了毛病。几分钟后，故障被排除了，"四轮车"又飞驰起来，载着福特驶向了他的汽车王国。

1901年，福特造出了第一辆具有25马力的赛车，从此声名大振，大批投资者主动找上门，想和他合作。1903年6月，福特与人合伙创办了福特汽车公司，只用了短短的19年，就成为了世界上最大的汽车公司，福特本人也因此获得了"汽车大王"的称号。

·潘伯顿和可口可乐·

还没有哪种饮料，像可口可乐这样风行全球，受到亿万人的喜爱。也没有哪种饮料，有创造数百亿美元的财产，形成具有世界规模的产业。据说，可口可乐的配方是绝对保密的。但追本逐源地考究起来，可口可乐的产生，是因为一个药店的小伙计，错配了药方而产生的。但如若不是可口可乐创始人潘伯顿博士的机灵与努力，恐怕也不可能有今天的可口可乐大公司。

这个故事，要从100多年前说起。在美国佐治亚州亚特兰大市，有一家药店。这家药店的老板叫约翰·潘伯顿博士。此人思维敏捷。有一次，他在一份医学杂志上看到一份资料，上面说：1884年，美国医生柯勒发现古柯树里有一种被称为古柯碱的物质可以用来止痛。潘伯顿记住这件事，他经过多次实验，最后用古柯树叶和柯拉树籽做原料，配制成了一种专治头痛的药水。把"古柯"和"柯拉"两种名称连续，潘伯顿博士就把这种药水命名为"古柯柯拉"。

1886年5月的一天中午，潘伯顿博士在后面午睡，让一个小伙计守店堂。

在药店附近住着一位贺斯先生，得了头痛病，急着到店里来买"古柯柯拉"。小伙计到药柜里取药时，发现潘伯顿博士配制好的药水没有了，只剩下一个空瓶子。这位伙计平时常看潘伯顿先生配药，一般的常用药也知道如何配制。因为顾客急着要用药，他就顺手拿了一瓶其他治头痛的药水，配上苏打水、糖浆，给了贺斯。

过了一会儿，又来了一位顾客，对伙计说："我是贺斯的朋友，刚才喝了贺斯的药水，觉得味道不错，还能解渴，所以特意来再买几瓶。"

小伙计再也记不起刚才是用什么药方配制成那种药水的，他手忙脚乱地搞了半天还是配不出药水来。顾客不满地敲起了柜台。潘伯顿博士闻声赶来。小伙怕潘伯顿责怪自己乱配药，就随口撒谎说："先生，顾客要买古柯柯拉，可是药水全卖完了。"潘伯顿请顾客稍等一会儿，立即赶回实验室配制了一瓶古柯柯拉药水。

可是，当新配制的药水送到顾客手里时，他喝了一口，就连连摇头，坚持说："这不是我刚才喝的药水，您搞错了！"无论潘伯顿怎样向顾客解释"这是地地道道的古柯柯拉"，这位顾客都不相信，仍坚持说："我只要喝给贺斯配的那种深红色的药水。"

顾客不满地走了。潘伯顿博士追问小伙计，终于明白是他配错了药。潘伯顿博士是个有心人，顾客喜欢喝"深红色的药水"这事启发了他。他想：如果我研制出一种同类的饮料，不也能吸引许多人吗？想罢，他马上回到实验室，开始了"深红色饮料"的研制工作。

日子一天天过去了，潘伯顿博士经过无数次的反复配比，一个月后，他终于配成了一种味道奇异又非常可口的深红色饮料。因为它的出现是错配了"古柯柯拉"引起的，所以，潘伯顿博士就把它叫做古柯柯拉。从此，便有了风行全球的饮料"可口可乐"。

·华莱士和《读者文摘》·

享誉全球的畅销杂志《读者文摘》，他的创办人名叫德威特·华莱士。

1889年，华莱士出生在美国圣保罗市。他从小就想发财。可是当时他的家太穷了。要说他的学习成绩在学校里可算是数一数二的，连连跳级，可他生来就不太安分，喜欢跟有钱的子弟打打闹闹，还时常制造些恶作剧。上大学的时候，这个穷人的孩子竟跟富家子弟一样随意花钱，被同学讥讽为花花公子。

为了赚钱，有一年暑假，他挨家挨户地卖本州的地图，一天走了40公里，累得要死，然而毕竟赚了点钱，这使他对卖东西发生了兴趣。

他开始卖书和各种杂志，观察人们对什么样的杂志和文章感兴趣。他经常翻书和杂志，把大家喜欢的内容剪下来，自己建立起一个资料库，为了收集资料，他还成为图书馆的常客。

眼看大学快毕业了，可是华莱士突然退了学，跑到圣保罗的韦伯出版公司上班干活去了。父亲供他上学不容易，自然对他很恼火，问他为什么这样做。华莱士玩世不恭地说：我乐意这样。那里活不累，又有时间看书。他如饥似渴地阅读书籍，边读边收集有实用价值的资料。

偶尔，他得片刻清闲，便罗列自己公司老板一年之中的工作失误，给顶头上司作一本"编年史"。不知不觉一年过去，他那本老板的罪状史已集成一册。他把它装订起来，并在封面这样写道："这是一份十分有趣的文件——华莱士。"也该他倒霉，这本精心编辑的"编年史"被老板本人发觉了。老板笑着对他说："华莱士先生，请你现在就从这道门出去！"

华莱士这回的恶作剧终于尝到了苦头。但或许是老板看出华莱士有编辑的才干，没有把事情作绝，在临别时竟借给他一笔印刷款子，作为他自立门户的经费。

华莱士抓住这笔钱就如同在水里捞着根救命稻草，翻出自己收集的资料，仅用几个月时间，就出版了一本题为《取得耕种之最高利益》的厚书，主要收集的是农业实用科技知识。书印成后，他自己租了辆旧汽车，在各个州叫卖。三个月里他跑了5个州，把10万册书全卖完了，还了老板的钱，还挣了点钱。不管怎样，他学会自己出书了。

这次经历使他发觉社会上有一股强烈的求知欲的暗流，他想，我何不出一本出售专门知识的定期杂志呢？那时候，美国进入"资讯时代"，报纸特别多，新闻让读者看得眼花缭乱。有些是读者感兴趣的，而有些新闻是无关读者痛痒的。华莱士想，还是杂志好，它介于报纸和书籍的中间，虽不如新闻报纸的快速，但却让读者慢慢品味，只可惜，能让人细心品出滋味的杂志太少了。

1922年2月，华莱士精心设计的一份小杂志出笼了，它没有虚构的小说，没有广告，没有色彩，有的只是资料性和实用价值的文章，它就是《读者文摘》创刊号。

他开始征求订阅，他心想，要是能有5000个读者肯掏钱买我的杂志，我的日子就好过了。第一期的有限的订户没有人来取消订阅，也没有人登门要求退钱，一切显得都很平静。他和新婚的妻子开始编辑第二期，接着是第三期、第四期……不出一年光景，《读者文摘》杂志的订户超过了7000户，当年收入在2万美元以上。

创业的成功使他开始过上了富人的生活。四年后，《读者文摘》的销售量增加到2万多册。订户还在不断地增加，华莱士夫妇累得有点招架不住了，就租了两间客房，让邻居都来帮他们的忙。

到第七年，读者达到21.6万户。华莱士不想自己被弄得焦头烂额，他成立了《读者文摘》编辑部，不断编辑出版。

就这样，这份《读者文摘》越办越发达，终于成了享誉全球的大型杂志。

·亚默尔卖凉水·

众多计策中有一条叫"舍金求玉计",意思是说要避开众矢之的的第一目标,而去追求往往被人忽略了的第二目标。

就做生意而言,经营需要机遇,而机遇特征越明显,追逐的人越多,追逐的方向和目标越集中,这就会造成我们常说的"一窝蜂"现象。这也常常给企业带来剧烈的竞争和最后获得成功的难度。聪明的企业家就会放弃第一目标,转而追求第二目标,这反而容易走上成功之路。

19世纪中叶,在美国的加利福尼亚州有人找到了大的天然金块,捡到的人当然一夜之间就发了财。人们一哄而上,越闹越凶,纷纷传说那里有大金矿。

于是各地的人们丢下了自己的工作,赶着上那里发财去了。许多家境贫寒、一心想快发财或心术不正之辈,更是日夜兼程,就像加州遍地都是黄金似的。

17岁的亚默尔,家里一贫如洗,他书也没读,只是帮衬着父亲干点儿农活,一得到加州黄金遍地的消息,也坐不住了。

他跟父亲商量:"父亲,我与其呆坐在家里受穷,不如去加州试试运气。人家都说那里到处是金,我反正也帮不了父亲多少忙,你就让我去一趟吧。"

父亲道:"17岁,正是该闯一闯的时候,只可惜爹没钱供你买船票。"

母亲说:"听说鲁西雅家一家三口也要去,他们没钱买船票,是自己赶了大篷车去的,我去求求他们,捎了你去怎么样?"

就这样，母亲以两头羊为代价，让鲁西雅将亚默尔捎上了。

一路上的风餐露宿是不必说了，到了加州黄金产地，却是十分令人失望：原来，那里虽有黄金，但也不多。许多有钱有势的人早已占地为王，力小迟去的人要不受他们的雇佣，被他们剥削，要不就像没头苍蝇似的乱找瞎寻。

亚默尔先是受人雇佣，只是人小力气小，淘来一点金沙，仅够自己的伙食。他去别处寻找金矿，找了一个月，黄金倒没找着，自己倒差点儿喂了恶狼。

久呆在此，不但发不了财，反而衣食无着，连性命也难保，亚默尔不得不认真考虑起自己的生存问题来。

他忽然想起，有一次，他跟了受雇佣的矿工一起淘金沙，那里水资源奇缺，淘着淘着，口干得几乎冒出烟来。几个工人都在嚷嚷："妈的，干死了，若是谁能给我一瓶水，老子这袋金沙就跟他换了！"

他突然灵光一闪：对，既然金沙难找，找水如何？万一找到了水，这水不就等于金沙吗？

但是他还怕人家笑话，第二天就瞒着大伙独自一人外出找水去了。

他先注意观察野兽，看它们是怎么找水的。他抓了3只当地的田鼠，三天不让它们喝水，然后在它们身上绑上一根细绳放了它们，跟着去看它们是怎么找水的。

这一计策果然高明，田鼠们去了一处十分隐秘的水源。亚默尔大喜过望，立即花力气掘了出来，然后用碎石、沙子细细过滤这些混浊的溪水，终于得到了甘洌可口的凉水。他就用这凉水卖起钱来。

这样，亚默尔虽然没有在找黄金上发财，却在找凉水上发了财，他赚到了整整6000美元。这在当时是很大一笔钱呢。

·穷画家的发迹·

在铅笔上加个橡皮头，这就是使用方便的橡皮铅笔。看起来一个十分简单的东西，似乎人人都能想到，而实际上它的发明却不那么简单。

100多年前，美国弗罗里达州有个叫李浦曼的画家，穷得连画布、画笔都买不起。可就是这样，李浦曼并没有放弃自己的艺术追求，依然坚持作画，常常画到天亮。

这天，李浦曼剩的钱不多了，如果吃午饭，那买画布的钱就不够了。李浦曼想来想去，还是把所有的钱都用来买了画布。

买来画布后，李浦曼马上投入到创作中。李浦曼想，今天要画的东西自己还不太熟悉，最好先在纸上画个样子，找到感觉后再画。虽然他的画纸也早没了，不过他有办法，他从楼下的垃圾箱里拣了些废纸盒，正好能派上用场。

李浦曼把废纸盒铺平，抓起铅笔就在上面画了起来。画着、画着，他发现有一个地方怎么看都不顺眼，好像是比例不大对头，就想把这块擦掉，重新画。

于是，李浦曼放下铅笔，在凌乱的工作室里寻找他仅有的一块橡皮。李浦曼的这块橡皮可有名气了，有人到他家来玩时，看见了这块比黄豆大不了多少的橡皮，就开玩笑说，他这块橡皮只有放在显微镜下才能看清。

现在，李浦曼怀疑用显微镜恐怕也找不到橡皮了。他趴在地上，伸手在床下捞了半天也没橡皮的影子，桌子上也没有。找了一个钟头，李浦曼才发现橡皮竟在盘子里。然后，李浦曼又开始作画。当又有地方需要修改的时候，那块橡皮好像在跟他开玩笑，又不见了踪影。当橡皮再次被找到时，小铅笔头却又不见了。

一天下来，李浦曼几乎什么也没干成，全部时间都用在了找东西上。

晚上睡觉的时候，李浦曼越想越气，发誓要找个办法解决橡皮和铅笔的事。第二天一大早，李浦曼从屋外找了根丝线，把橡皮缚在铅笔的顶端。这个办法倒不错，铅笔长了一些，抓起来也顺手许多，而且橡皮再也不会失踪了。

李浦曼又开始画画了，但那捆着的橡皮不太牢固，还没擦两下就掉了。李浦曼气得把铅笔扔出老远，可是他很快又把铅笔捡了回来，那可是他吃饭的工具，不能丢的。

为此穷画家发了狠心：一定要把这淘气的橡皮头牢牢地固定在铅笔上。为此，李浦曼连最喜欢做的事也不干了，发着倔劲忙了好半天，他终于想到了一个好主意，用一小块薄铁皮把橡皮头和铅笔的一头包起来。

解决了这个问题，李浦曼并没想到自己的发明会有极大的商业价值。有一天，一个客人来买李浦曼的画，看了一个钟头，一件也没挑中。李浦曼有些灰心地用手中那支捆着橡皮的铅笔指了指画，低声问道："难道您真的挑不中一幅吗？"

客人一眼看见了李浦曼的铅笔，眼睛一亮，说道："看样子，你十分穷，我可以教你一个发财的主意，但并不是买你的画。"

李浦曼奇怪地看着客人，一时不明白什么意思。

客人指着李浦曼的铅笔，问道："这是你做的吗？"

李浦曼点了点头。

客人接着说："你明天去专利局，给你发明的铅笔申请个专利，到时肯定会有人感兴趣的。等你有了钱后，你就可以专心作画了，不用再为吃穿犯愁。"

李浦曼明白了客人的意思，第二天就到专利局申请了专利。

一天，著名的RQRQR钢笔公司用55万美元的巨款买下了这个专利。

李浦曼做梦也没想到，自己由一个穷画家变成了发明家和大富翁。

·灵感激发出来的"吉列"·

现在只要你走进任何大商场，总能买到"吉列"牌剃须刀。"吉列"牌剃须刀的发明人吉列在36岁的时候只不过是一家瓶塞公司的推销员，他之所以有了自己的吉列公司，并为世界所瞩目，这和瓶塞公司的老板有着很大关系。

这天，吉列又推销出去一批瓶塞，兴冲冲地回到公司，迫不及待地向老板报告。老板听后，很高兴，便和吉列聊起了天。吉列告诉老板，他的理想就是要成立一家大公司，可是自己一无本钱，二无技术，理想只不过是一纸空谈。

老板听后，笑眯眯地看着吉列，他用铅笔在桌子上点了点，轻声说："你讲的这些都不重要，其实……我听说你平常喜欢做一些小玩意，你应该把兴趣往这上面发展，如果你要真的弄出一个对每个人都有用的东西，那你就成功了！"

吉列牢记住了这句话，时时刻刻把这种想法与日常用品联系在一起。

有天早上，吉列起来迟了，他急冲冲地跑到水池边刷牙、洗脸，突然，他发现镜子中的自己胡子长长了，于是他取出了剃须刀。那把剃须刀已经有一段日子没用过了，早就不锋利了，但因为时间紧，吉列也顾不了许多。

一下、两下、三下……吉列猛地感到脸上痛起来，不用说，肯定是刀子太钝，把脸刮破了。吉列望着手中的剃刀，心想："剃刀老会刮破脸，为什么不发明一种不刮破脸的剃刀呢？还有，为什么刮胡子刀要用这么多的钢铁呢？刮胡子时，其实只要刀刃部分就行了，其他的是多余的。"

于是，安全剃刀的构想，便在吉列的脑海里萌芽了。

正在吉列苦思冥想之际，里屋的闹钟响了，吉列被惊出了一身冷汗："哎呀，不好，上班要迟到了！"吉列慌忙擦了下脸，两步并做三步地朝楼下跑去。

经过一天的忙碌，吉列累得都像脱了一层皮似的。他随便吃了点东西，就上床休息，迷迷糊糊中，吉列忽然觉得有一把剃刀老在眼前晃动，早上的情景又浮现出来。吉列摸了摸被刮破的下巴，发誓一定要发明一种世界上最安全的剃刀。他从床上爬起来，拿出纸和笔，画起了设计图。

一个晚上过去了，吉列一点儿也没睡，第二天他带着红红的眼睛去上班。老板用一种异样的目光瞅着吉列，低声说："下次晚上早点睡，别影响了白天的工作。"吉列听了，不好意思地低下了头。

又是好些天过去了，吉列的小发明毫无进展，他变得有些心灰意冷。中午时分，吉列坐在阳光里，望着手中的剃刀，忽然，他朦朦胧胧中看见自己手中的剃刀变成了一只快下蛋的鸟儿，心头的许多疑问，突然之间有了答案。

"如果说，我把剃刀的刀片做成能活动的，碰到脸皮，刀片就会收回去的，那么刀片是被东西包着的，只露一个刀头，那就不需要那么多的钢铁啦！"想到这儿，吉列兴奋地一拍大腿，跳了起来。

不久之后，吉列的脑海里出现了安全刮胡刀的全貌，刀片的中间用金属板夹住，刀的两边都有刀刃，正中加上一把支撑的柄，既安全又锋利，就这样，我们现在每天用的"吉列"安全刮胡刀诞生了。

一个灵感使吉列成立了"吉列公司"，从而让五湖四海的人都知道了吉列的大名，他也跻身于世界上的大财阀之列。

的确，一个小小的灵感作用是非常大的，它能救活一个公司，也能产生一个公司，但就看你如何应用自己的大脑了。

·麦当劳和克罗克·

现代社会中生活的青年一代，几乎没有人不知道"麦当劳"这三个字的。有麦当劳的地方，就有好吃的汉堡包、香脆的炸薯条。到麦当劳吃饭几乎成了都市的一种时尚。"麦当劳"为什么会如此深得人心，它的创始人是谁呢？故事还得分两头说。

麦当劳又译名为麦克唐纳，是1928年一对叫麦克和迪克的兄弟在美国芝加哥开的一家快餐店的名字。兄弟俩对快餐店的经营并不上心，把更多的精力放在他俩经营的电影院上。因而对快餐店的管理是一团糟。店里的桌子上堆满了满是油污的瓶瓶罐罐，地上到处扔着废纸破筐，墙壁上也好像几年没打扫似的，挂满灰尘。

当地有个50多岁的小老头，名叫克罗克。他原先经营制作纸杯生意，赚不了几个钱。这天他送货回来，路过麦克兄弟开的快餐店，感到肚子饿了，就进去吃了顿快餐。等他出来时，抬头一看店名"麦当劳"三个字，心里一个咯噔：我何不买下这个快餐店，自己经营？这总比造纸杯好啊。于是，他转回身，到店内和麦克兄弟俩谈起来。

克罗克与麦克、迪克的谈判没有费太大的周折，兄弟俩同意将快餐的专利及店铺卖给他，但要求不能改变店铺的字号。于是"麦当劳"的名字就保留了下来，克罗克开始忙着去筹措买店的钱。

克罗克的这个打算是有道理的。每只汉堡包只值1.5美分，一袋炸薯条就几美分，论价格是低了些，但是只要能保证足够的数量，积少成多，也是一笔可观的财富。

经过一番准备，麦当劳又重新开张了。在开张当天，克罗克在门口树起了一个很大的广告牌，上面有三个醒目的大字，质量、周到、整洁。过往的行人很快就发现了这个大广告牌，当他们看到广告牌边，焕然一新的店面，不由大吃一惊。这究竟是怎么了？门窗已经被重新装修，桌椅整齐地排放着，墙壁像洁白的雪似的。身着洁白工作服的服务员们笑容可掬。更重要的是，当人们品尝到好吃的汉堡包和炸薯条时，发现所付的钱竟然还是那样便宜。

快餐专利的优势，终于让克罗克开发了出来，人们接踵而来，好像发现新大陆似的。大家在克罗克的餐馆内吃得满意，得出一个结论，除了字号，这家快餐店什么都变了。

为了让顾客满意，克罗克制定出严格的质量标准和操作章程。牛肉原料不得含有动物的下水货。脂肪的含量、肉馅绞的规格、肉饼的大小、下锅后煎成的质量……都有严格规定。在薯条上也大有讲究，首先要精选马铃薯，但不能用刚从地里刨出来的，要把马铃薯贮存一定的时间以增加含糖量。然后将马铃薯切成厚薄均匀的长度，再晾去一些水分，下油锅炸，待薯条呈现金黄色时马上起锅，现炸现卖……

在经营措施上，克罗克更是挖空心思。他把用碟子和玻璃杯装放食品的做法，改用纸盒和纸杯，方便顾客，也免去洗刷工序。在进餐时，把交款换牌、凭牌取货的方式简化为一手交钱一手交货，同时多开窗口，缓解排队的压力。对于店堂卫生，他更是要求及时清扫，及时更换垃圾桶。服务人员的装束也有一定的特色，就是统一，让顾客能辨认和监督，服务员敢和顾客发生口角，会被当场辞退。

克罗克知道，好的生意需要好的宣传，当顾客亲热地称呼他为"麦当劳叔叔"时，他抓住这一定位，利用这个雅号进行宣传。一时间，街上的招贴画上、电视节目上到处是"麦当劳叔叔"的名字和形象，大家似乎都非常乐意接受这个形象，对麦当劳的食物更是津津乐道。两三年的辛苦创业，麦当劳声名鹊起，成为美国大众食品的标志。

从1954年克罗克53岁开始到1982年止，28年中，麦当劳公司从一家店铺，膨胀为分散在世界各地的12000多家分店，财产超过7亿美元，克罗克造就了一个没有国界的"麦当劳帝国"。

1984年1月14日，克罗克因心脏病复发逝世，人们在悼念他时充满了敬意，因为是克罗克使汉堡包成为美国大众文化的标志。

·迪斯尼王国·

在20世纪30年代，有一个人不但赚足了钞票，还为全世界的人送去了欢乐，以他名字命名的儿童乐园被世人称为世界第九大奇迹，这个人就是"米老鼠之父"沃尔特·迪斯尼。

1923年，22岁的沃尔特怀揣着10美元在洛杉矶创立了"沃尔特·迪斯尼动画片公司"，他到处联系电影公司，希望有人能订购他的动画片。没过多久，纽约一家电影公司来信了，说对沃尔特的动画片非常满意，愿意每集出1500美元的价钱买下他制作的动画片。

这个消息让沃尔特激动得几天都没睡好觉，找到亲朋好友借了800美元，开始投入拍摄，一个月后，第一部动画片顺利完成了。由于整个影片制作得十分新鲜有趣，对方看后相当满意，二话没说，立马把1500美元汇给了沃尔特，并又连续订购了6集。

从那以后，迪斯尼公司的动画片产量大幅增加，售价更是水涨船高。沃尔特虽然变得富有了，但他依然节衣缩食，把省下的钱全都投到了公司发展上，谁知一个大阴谋正背着他悄悄地进行着。

原来迪斯尼公司的一个发行大主顾见沃尔特生意如此红火，不禁打起了坏主意，打算撇开沃尔特，自己也搞个动画片制作工厂。于是他瞒着沃尔特找到他手下的工作人员，许诺只要他们肯跳槽到自己这边来，就给他们加一倍薪水。

这么好的条件谁会不心动，一夜之间，迪斯尼公司的人都跑得光光的，只剩下沃尔特的好朋友尤布一个人。第二天，沃尔特正好去那家公司去签合同，没料到公司的老板却把给他的酬劳突然降到了最低。看着沃尔特一脸雾水的样子，那个老板得意地说："这个价格已经不错了，你回去看看吧，也许你还不知道你的公司发生了什么事！"

沃尔特隐约感到不妙，赶紧回到公司，只见制作车间空无一人，连原先制作好的一些画样都没了。沃尔特差点儿没晕过去，过了好大一阵，他才慢慢缓过神，彻底被背信弃义的发行商激怒了，而那些曾经和自己同舟共济过的下属更是让他伤透了心，他决定当面去和发行商讲清楚。

沃尔特的异常平静大出发行商的意料，只见他信步走到发行商的办公桌前，说道："你下面的几部片子我不画了，你这个无耻的小偷，让你那些花大价钱请来的叛徒去画吧！"发行商被沃尔特说得满脸通红，半天说不出一句话，等他缓过神，沃尔特已经扬长而去了。

这个时候最让沃尔特欣慰的是自己身边还有尤布这个好朋友，他把刚才在发行商那儿发生的事一五一十地告诉了他，尤布沉默了一会儿，忧心忡忡地说："今后迪斯尼公司该怎么办呢？从现在起你一没画家，二没资金，往后的路……"说到这儿，他长叹了一声。

沃尔特信心十足，一把握着尤布的手，说："不还有你吗！你放心，今后我们一定会比现在更好，新的创意早在我脑子里了。"说着，他抓起画桌上的笔，三两笔就勾画出了一个大耳朵老鼠，然后一指，说道："它就是我们未来的主角。"

画纸上那只生动可爱的老鼠让尤布惊叹不已，他问沃尔特："给这可爱的小家伙起个什么名字呢？"

"米老鼠！"沃尔特笑眯眯地回答，"前几年我还在堪萨斯城最困难的时候，有一只小老鼠经常喜欢爬到我的画桌上，我就喂它一点面包渣，最后和它混熟了，它还会蜷在我手心里睡觉呢！就从那时起，这个米老鼠的形象就在我心里生根了。"

为米老鼠量身定造的影片正式开始运作了，为了防止这个新主角的形象被窃，沃尔特和尤布躲进了一个半封闭的车库里紧张工作起来。

就这样神不知鬼不觉地过了两年，从没露过面的米老鼠突然出现在了好莱坞的一家影院的荧幕上，引起了不同凡响的轰动，沃尔特终于获得了成功，名字在全美国家喻户晓。

米老鼠的成功让沃尔特干劲十足，后来几年，他一口气又设计了唐老鸭、白雪公主等在美国老幼皆知的形象，第二次世界大战结束以后，他投入巨资在洛杉矶建立了迪斯尼乐园，那儿不仅成了孩子们最喜爱的地方，也是洛杉矶最著名的旅游景点。

·没有硝烟的战斗·

　　商场如战场，当两家势均力敌的同行竞争起来时，最终的结果只能是两败俱伤，最好的结果是在权衡利弊的基础上，明智的一方先主动让步，这一来有时反而会起到意想不到的效果，但并不是所有人都有这个勇气，而美国钢铁大王卡内基就做得到。

　　20世纪初期，美国和西班牙爆发了战争，一时间，钢铁价格不停上涨，成了有钱也买不到的抢手货。号称"华尔街大亨"的金融巨头摩根立刻意识到发展钢铁业前途无量，于是他开始大肆收购钢铁企业。仅仅半年时间，摩根便拥有了伊利钢铁和明尼苏达钢铁两家公司，但他并不满足，又把目光瞄向了卡内基的钢铁公司，因为他收购的这两家公司和卡内基的公司相比，只不过算个中小企业罢了。

　　摩根对卡内基公司志在必得。不过他知道，卡内基可不是一般人，要想让他乖乖交出公司不是那么容易。摩根苦苦想了三天，最后决定还是用自己以往的伎俩——拉拢同行，垄断市场。

　　一切都进行得悄无声息。摩根以最快速度，偷偷合并了美国中西部的一系列中小钢铁公司，成立了一家"联邦钢铁股份公司"。接着他又拉拢了国家钢管公司和美国钢网公司。忙完了，他对联邦钢铁公司所属的大小企业及自己的铁路下达命令，谁也不准购买卡内基的钢铁，取消过去的一切订单。

　　随后的几天，摩根整天脸上都笑眯眯的，他只要一闭上眼，脑海里就浮现出卡内基急得团团转的样子。想到即将到手的卡内基钢铁公司，摩根高兴极了。

　　一个月过去了，两个月过去了，卡内基那边竟然一点动静都没有。这是怎么回事？摩根自己倒先沉不住气了。其实，摩根的诡计卡内基心里一清二楚。但他知道，越在这个时候，自己越要冷静，如果自己现在慌成一团，势必会造成公司的股票大跌，到那时，就是有回天之术，也保不住公司了。因此，卡内基对目前的情况从不评论，就连他的代理人也不清楚他心里在想些什么。

卡内基把自己关在房间里，对这种严峻的形势仔细分析了一番。从自己的钢铁业在美国所占的市场，他断定如果没了自己公司的支持，肯定会有许多相关企业蒙受损失，拖到最后，一定会有人主动上门的。所以他一咬牙，等！总会有一方先受不了！

又过了两个月，摩根感到有点不妙了。因为他发现不向卡内基公司进货，自己收购的那些企业损失大得惊人。不能再拖下去了，摩根亲自跑到卡内基公司，开始实施他的第二个步骤。

见到卡内基，摩根开门见山地说："从目前的局势来看，美国的钢铁业必须合并，是否合并贝斯列赫姆钢铁企业，我还在考虑之中，但你的卡内基钢铁公司是必须要合并的！"停了一会儿，他看了看一言不发的卡内基，突然威胁道："如果你拒绝的话，我就去找贝斯列赫姆。"

贝斯列赫姆是美国另一家大型的钢铁企业，它在美国的钢铁市场也有着相当大的影响。卡内基心里暗暗一惊，别的挑战倒不怕，要是摩根和贝斯列赫姆联合起来，将对自己非常不利。想到这儿，他不露声色地说："好吧，你给我几天时间考虑考虑。"

等摩根一走，卡内基认真思索了一番，他拿起笔给摩根写了一封信："阁下大合并的建议非常有趣，我决定参加。参加的条件是，我要合并之后的新公司债，不要股票，至于新公司的债方面，对卡内基钢铁资产的时价额，以1元对1元5角的公司价。"

这就是说，股票要以时价卖掉，他不要合并后的联邦钢铁公司的股票，而要具有黄金保障的公司债，并且要以1对1.5的比率兑换，这对卡内基来说是个很占便宜的交易，但摩根同意吗？

信送到摩根的手里，他沉默了半天，缓缓吐出一句："我同意！"谁也不知道摩根在那片刻想了些什么，只有卡内基心里清楚，他肯定会同意的，因为他已经是骑虎难下了。

协议达成后，卡内基的钢铁业归了摩根。在这场没有硝烟的战斗中，卡内基抓住摩根的弱点和心理，一下子就赚了2亿美元。

·感谢父亲·

美国通用公司是世界上最大的公司，它所拥有员工的数量，超过美国海军和海军陆战队人数的总和。资产也多得难以估量。这个世界上第一大企业的董事长，叫罗杰·史密斯。

罗杰的父亲在第一次世界大战后来到美国俄亥俄州的哥伦布市，并在那里开设了一家小型的家庭银行，罗杰就在这时出生了。

从小时候起，父亲对罗杰的教育就十分严格。他每周安排罗杰学5个新词，罗杰必须在周末前背熟，如果测验结果是A等，父亲就奖励他一枚银币；如果是B等，就奖励一枚镍币，要是达不到B等，罗杰就麻烦了。所以，罗杰得的一直都是A等。

罗杰家虽然非常富裕，但父亲从不娇纵他，还让他利用课余时间，去《星期日新闻报》当报童。就这样，罗杰一边学习，一边打短工，先考进了盖脱大学，接着又升入了密执安大学。他学的是商业学。

罗杰天生就对机械有着极大的兴趣，在他16岁那年，曾把一辆小汽车全部拆开，又装配成原样。父亲看了后，惊奇地发现，他竟没漏掉一只零件，于是父亲当场就自豪地对别人说："罗杰长大后，一定会大有作为的。"

果然，罗杰以优异的成绩取得了密执安大学企业管理硕士的学位，应聘到了加利福尼亚州一家航空工业公司工作。

一个偶然的机会，罗杰得知通用汽车公司要招聘人才，他便回去征求父亲的意见。父亲只是淡淡地说："那是一家管理良好的公司，比较适合你。"父亲的话使罗杰拿定了主意。于是他便辞了在航空公司的工作，到通用公司应聘。

当时，通用公司只有一个职位空缺，而前来应聘的人很多。但罗杰毫不在乎，好像这职位非他莫属一般。当公司的人接见他时，他信心十足地说："再棘手的工作我都能胜任，不信我干给你们看看！"后来，接见罗杰的人告诉同事们说："我刚才雇到一个人，这家伙想成为将来通用公司的董事长。"

踏进通用公司的大门后，罗杰立刻就表现出不可思议的能力，公司的业绩开始增长，他也一步一步上升，最终他登上了公司董事长的宝座。

罗杰的成功，简直是美国企业界的一个奇迹。有人问他，谁对他的事业成功影响最大？出人意料的是，罗杰并没有像其他成功者那样回答，说是他公司的某位启蒙者，而是回答说："我的父亲。"

的确，罗杰不但非常感谢父亲，而且还在用当年父亲教导他的那一套教育他的后代。

觉罗是罗杰最小的一个儿子，他可以说是世界上最大公司老板的宠儿。在他生长的城市里，有一大半人得靠他父亲的公司吃饭。但令人惊奇的是，他却是一个非常普通的做散工的青年。他从不骄傲，他尊敬别人，特别尊敬成年人。他出门时都向父母请示。罗杰曾对他说："你不要把自己当做有钱人，有钱人在我们隔壁，想成为他们，你就得靠自己。"

因此，不管罗杰在事业上取得多大成绩，他教育子女的方式被人深深称赞，而他却说："我必须这么干，因为父亲是对子女影响最大的人。"

·临死前的忠告·

世界各地大城市，都有希尔顿大饭店。因此，希尔顿这个名字，也就"誉满全球"了。这与它的创始人希尔顿的努力和智慧是分不开的。 希尔顿生于1887年圣诞节这一天。他的父亲是从挪威移民到美国衣阿华州的。

当第一次世界大战结束后，希尔顿的父亲病故了，年轻的希尔顿悲痛欲绝。他对自己的未来一片茫然，没有父亲的指引，他实在不知道自己该干什么。

一天，有人捎信给他，告诉他父亲生前的好友阿尔奎得了重病，希望希尔顿能去看望一下。

于是，希尔顿来到了阿尔奎的家。他发现阿尔奎已经病得非常严重。看样子，坚持不了多少日子了。看着阿尔奎憔悴的面容，希尔顿不禁想到了去世的父亲，心中又难过起来。

这时，阿尔奎吃力地睁开双眼：他看见蹲在床边的希尔顿，不禁大吃一惊。这个曾经活泼快活的年轻人，怎么变得这么憔悴？他用手轻轻抚摸着希尔顿的头，轻声地问他为什么会变成这样。

已经很长时间没向人倾诉过心中痛苦的希尔顿，这时再也忍不住眼眶中的泪水，哭着告诉阿尔奎，自己对未来已没有什么希望了，他不知道以后的日子会怎样。

阿尔奎静静地听完希尔顿的倾诉，沉默了老半天，才长长地叹了一口气，断断续续地说道："我不会再活多长时间了，上帝已经在召唤我了。但你的路还很长，你要振作起来。我给你指一条路，就是去得克萨斯州，到那里，你一定会大有作为的。"

　　这位即将辞别人世的长辈的忠告，深深地感动了希尔顿，也唤起了他对未来的希望，就是这些话，改变了希尔顿的一生。

　　希尔顿带着梦想，来到了得克萨斯州。当时，他怀揣全部的家当——5000美元。他打算在这里买下一家小型银行，因为父亲在世时最大的愿望就是当一个银行家。可是由于他的资金太少，梦想很快就破灭了。

　　就在希尔顿不知所措的时候，当地一位好心人提醒他："为什么不到南方的油田去呢？那里有很多繁华的小镇，你可以去试试。"

　　希尔顿听了这位好心人的建议，到了南方的西斯柯城，并很快找到了一家要卖的银行，但对方开价是75000美元。

　　到哪里去弄这么多钱呢？希尔顿找到了过去的一位朋友，把情况一五一十告诉了他。朋友对开银行也比较内行，他听完希尔顿的话，当场就表示支持他，答应借给希尔顿一笔钱。

　　希尔顿激动万分，急忙跑回到那家银行。可那家银行却突然变卦，说必须要再追加1万美元，否则不卖了。

　　这突如其来的变化让希尔顿气得手脚冰冷。他已经没有力气同这家银行的人争吵了，只是默默地离开了那里。等回到旅馆，天已经黑了，他发现旅馆又住进了一批旅客。这时客房住满，这批新来的客人在等别人退房，已坐在这儿8个小时了。旅馆的老板更是忙得不可开交。

　　希尔顿随口问了老板一句："你的生意不错嘛，看来你也赚了不少钱。"

　　老板却说："生意是不错，但赚的钱太少，等我到油田里去挖油井，就能赚更多的钱了。"

　　希尔顿灵机一动，试探道："那你是要把旅馆卖掉了？"

　　老板回答道："以后也许我会把它卖掉的。"

　　希尔顿把老板的话记在了心里，暗暗对自己说："我一定要把这家旅馆买下来。"

　　后来，终于有一天，希尔顿如愿以偿了。他将这家旅馆买了下来。这时的他连自己都觉得可笑，曾一心想当银行家，却经营起了旅馆业。

但希尔顿在经营了一段时间后，便显示出他过人的才智，钱越挣越多。等摊子铺大后，他又杀回到大城市，将自己的旅馆发展成为连锁店、跨国公司。今天，全世界所有知名的城市，都有了他开的旅馆或者餐馆。他成了旅馆业的大王。

·哈默造铅笔·

世界著名企业家亚蒙·哈默让无数人钦佩和仰慕，他从一个拿听诊器的医学博士，一跃成为一个连自己拥有多少资产都数不清的经济强人。他的一生，经营过无数东西，大到石油开发，小到制造铅笔，最终都获得了胜利。

1921年，哈默来到了苏联的莫斯科，他的身份是一名医生，主要是为了救治俄罗斯受伤寒的人，他一待，就是将近一年的时间。

一天，哈默没事在莫斯科的大街上闲逛，走着走着，他忽然想起了一件事，这事还挺重要的，于是他想把事儿记到纸上，以防自己忘记了。可他浑身上下摸了个遍，也没找到笔。他赶紧找个商店，想买一支铅笔临时用用。

走进商店，他抬头一看价目表，不由得大吃一惊，原来在美国只卖2美分的铅笔，在这里的售价却高达26美分。是不是价目表错了？哈默小心翼翼地询问起售货员，售货员想都没想，回答说："没错呀，就是这个价。"

从商店出来，哈默又接连跑了几家商店，结果都是一样的。这天晚上，哈默一夜没合眼，拿着买来的铅笔，一直在床头坐到天亮。当阳光洒在他的窗前时，这支铅笔就像一个发射台，一下把他的心思投射到一个一本万利的赚钱行业上来。

就在这时，苏联新闻发布了一条消息，要在20年内，扫除苏联的文盲，让每个苏联公民都学会读书写字。哈默紧握着那支价值26美分的铅笔，兴奋极了。他再也没心思吃早餐，而是匆匆赶到苏联对外贸易人民委员办公室，张口就问："新闻里说的让每个苏联公民学会写字，是真的吗？"

工作人员对这个满脸堆笑的年轻人提出的问题感到奇怪："当然，我们已经把它看成是当前的首要任务。"

话音刚落，哈默就把有关资料放在了办公桌上，急切地说："那好，我想申请一张生产铅笔的许可证。"

事情倒是很快就办成了，但哈默自己并不懂得怎样制造铅笔。然而，哈默知道懂行的人住在什么地方和怎样请到他们。于是，他日夜兼程，赶到了德国的纽伦堡。

纽伦堡有一个法伯铅笔公司，在当时，它是世界上最大的铅笔制造商，垄断着全世界的铅笔生产，而在这个家族集团里，只有最受信赖的成员和工厂里最高的管理人员，才有权熟悉制造铅笔的全部工艺流程。

哈默对此毫不在乎，一到纽伦堡，他就开始高价"挖墙脚"。果然重赏之下必有勇夫，没几天，那些铅笔技师带着他们的家属借口去芬兰度假，巧妙地离开了纽伦堡来到了莫斯科。随后，制造铅笔的原料和机器也同样悄悄运出了德国。

哈默对铅笔厂采取了美国式的计件制进行管理，发展速度快得惊人，当年产值就达到了250万美元，第二年，公司铅笔的产量高达1亿支，一举成为了世界上最大的铅笔厂之一。这一来，不但苏联市场的需求得到了满足，而且产品还占据了英国、土耳其、中国等十几个国家和地区。

从此，哈默头上又多了一个头衔——"铅笔大王"。

·把产品推销到战场·

可口可乐虽然只是一种饮料，但世界闻名。因为可口可乐在全球每天的销量要达到10亿瓶以上。也就是说，只要有两人喝软饮料，那么其中一个必定喝的是可口可乐。创造这个奇迹的人叫罗伯特·伍德鲁夫，他用智慧把可口可乐送到了世界每个角落。

伍德鲁夫原先是个卡车推销商，入主可口可乐公司以后，他立刻提出一句响亮的口号："我要让全世界的人都喝可口可乐！"谁知这句话刚出口，就引来无数嘲讽，说他是白日做梦，因为要让全世界口味不同的人都接受这种带有药味的饮料谈何容易。

伍德鲁夫并没有气馁，他先在美国的国内市场推行一项创新活动，那就是采用自动售货机来销售可口可乐。这一推销手段果然大受欢迎，可口可乐的销量在美国本土直线上升，但伍德鲁夫并不满足这点成绩，心里一直惦念着国外市场。

1941年"珍珠港事件"爆发了，美国正式加入了第二次世界大战。战争使国内企业陷入了困境，伍德鲁夫的可口可乐公司当然也不例外，别说扩展海外市场，就是国内的生意都不好做，伍德鲁夫急得整天坐立不安，一夜之间好像老了好几岁。 这天，伍德鲁夫正在家里长吁短叹，忽然电话铃响了，原来是他的老朋友班塞打来的。班塞是麦克阿瑟军团的上校，刚从菲律宾回来，特地打电话和伍德鲁夫叙叙旧。

寒暄了几句后，伍德鲁夫开玩笑说："老朋友，在前线打仗还有时间想我？"

班塞哈哈大笑："你别美了，我哪儿是想你，我是想你的可口可乐。你知道吗，菲律宾丛林里简直要把人热死，我一想到你们那些清凉饮料，就恨不得马上回国猛喝一大桶。"

伍德鲁夫调侃着说："那你到我公司来，我给你准备满满一大桶，包你过瘾。"话音还没落，听筒里又传来了班塞豪爽的笑声："你以为我是骆驼呀，我看还是我走的时候灌上一水壶，到那边再慢慢享用吧。"

挂上电话，伍德鲁夫细想班塞刚才那一番话，心里突然一亮：是啊，如果前方的战士都能喝上可口可乐，那不正是最好的海外广告吗？当地老百姓受到战士们的影响，肯定也会尝尝鲜，到那时，海外的市场不就等于间接打开了吗？伍德鲁夫越想越激动，干脆从床上坐了起来，焦急得等待着天亮。

好不容易等到太阳出现，伍德鲁夫迫不及待地冲出家门，急急忙忙赶到了华盛顿，找五角大楼里的官员协商为前线供应可口可乐的事宜。

那些国防部的官员们已经被前线的战况搅得头昏脑胀，哪有闲心和伍德鲁夫谈这些，没等他说两句，就起身送客了。伍德鲁夫并没有介意那些官员的态度，他出了国防部的大门，飞快地回到公司，把广告部的人全召集到一起，命令他们以最快的速度撰写一份宣传稿，并要求在上面配上照片，让人一眼就能看出来这是一本讲述前线战士心声的画册。

画册很快印出来，伍德鲁夫亲自把它定名为《完成最艰苦的战斗任务与休息的重要性》，然后，宣布立刻召开记者招待会，并把一些国会议员和前线战士的家属请来了。

宣传画册就这样传到了每个美国公民的手上，上面特别强调，前线的战士为了祖国，在前线口干舌燥，他们现在最大的愿望就是能喝上一口家乡的饮料，所以说可口可乐已不再仅仅是休闲饮料了，它与枪炮弹药一样重要。

美国轰动了，所有人都呼吁政府要让前线的战士满足心愿，没办法，国防部的官员只得答应，愿意以5美分一瓶的价格购买伍德鲁夫的可口可乐，并表示一定要让世界上任何一个地方的美国战士都喝到可口可乐。

就这样，可口可乐和枪炮弹药一起被送到了前线，在短短的3年时间里，可口可乐公司在前线一下卖掉了50多亿瓶。从此，可口可乐走到了世界每一个角落，当人们把这个功劳归功于伍德鲁夫的时候，他只是淡淡地说："其实我只是一个推销员，除了会推销，还是推销。"

·最勇敢的企业家·

你知道美国的飞机大王是谁吗？他就是霍华德·休斯。在美国可能有人会不知道国务卿是谁，但绝没有人不知道他，因为他在美国人的心目中，不仅仅是一个成功的企业家，更是全美国人民的英雄。他的一生可以说是轰轰烈烈，充满了冒险和刺激。

休斯年轻时对电影很感兴趣，平时酷爱驾驶飞机。有一次，他驾着单人操纵的私人飞机在马利布海岸上盘旋，突发奇想：要是我能拍一部空战的片子一定会深受欢迎。他越想越激动，立刻掉转机头往回飞，在回去的途中，他已经拿定主意要用真正的飞机来表现空战的壮观。

休斯是个想到就做的人，仅仅一个多星期，租用的87架战斗机就全部到位了。消息传出去，全美国人都疯狂了，大家翘首盼望能早日看到这部不可多得的电影。谁知就在这个时候，休斯又冒出了一个念头，就是为了表现出战争的真实，他打算让一架真飞机在空中被击落。

这个近似疯狂的举动立刻遭到了同行的反对，他们对休斯说："你想过吗，最便宜的一架飞机也要50万美元，你认为值得吗？另外，假如真拍，危险性可想而知，根本不会有人愿意冒这个险的！"

休斯哈哈一笑："这个场面一定要拍，没人愿意驾驶，我就上！"

没有人能拉得住休斯。电影一开拍，他真的走上了飞机。在拍到飞机俯冲撞地面的镜头时，危险还是发生了，可能是飞机的速度太快，也可能是其他原因，休斯在飞机落地之前，没能来得及跳伞，只见飞机突然翻了个跟头，便呼啸着坠地了。

围观的人群发出一片惊呼："休斯死了！休斯死了！"可能是休斯的敬业精神感动了上帝，他在众人的呼喊声中，竟奇迹般从驾驶舱里爬了出来。虽然他逃离了死神，脸上却永远留下了一块疤痕。

这部万人瞩目的影片共投资300万美元，花费了休斯两年的时间，公映后果然大受欢迎，所有人都说这是一部空前的大制作，而影片摄制组的人说，这是休斯用生命换来的影片。

1927年，美国飞行员林白驾驶飞机用了33个小时飞越了大西洋，这个消息让休斯兴奋得几天都没睡好觉，他认为自己一定会打破林白的纪录，于是他开始了新型飞机的研制。

15个月后，这架名为"H1"的单翼飞机造了出来，它的机身特别短，谁也不知道这架飞机究竟能在空中飞多长时间。为了证明自己的产品是最优秀的，休斯决定亲自试飞。

试飞是在一个黄昏，空中的光线十分不利于飞行，可休斯顾不上这些，迫不及待地跳进了机舱，发动起飞机的引擎。第一次测试速度达到556公里，但裁判并不承认这次成绩有效，因为休斯忘了在空中做水平飞行。于是，休斯在空中绕了个圈后，开始了第二次飞行，结果有效速度仍为556公里，也就是说休斯创造出了一个全新的世界纪录。兴奋的休斯没有立刻降落，又继续飞行了两次，就这样，557公里的飞机飞行速度新纪录又诞生了。

休斯越飞越过瘾，不厌其烦地飞行了一圈又一圈。突然，飞机的引擎停了下来，休斯顿时惊得一头冷汗，定睛一看，原来是主油箱没油了，他刚打算以滑翔的方式紧急着陆，但飞机已完全不受控制，垂直着向地面坠去。

陆地上的人们谁也没想到"H1"会突然出现这种情况，全都吓呆了，有些胆小的人不由自主捂住了眼睛。然而，奇迹再次降临在休斯的身上，他使出浑身解数，终于控制住了飞机，在一片菜地里安全着陆了。休斯爬出机舱，望着一个个惊呆的观众，微笑着说："我刚才打破了世界纪录，你们记下来了没有？"

　　"H1"的成功让休斯高兴得简直要发疯，但他冷静下来后，又开始考虑如何把这种飞机转为军用。他想一旦他的计划得到美国军方的认可，他就可以大批量生产自己的飞机了。

　　休斯的心血总算没有白费，军方同意了他的想法，1966年，他又为美国航天局制造了无人太空登月飞船，把人类几千年梦寐以求的神话变成了现实。

·史东冒险·

克莱门提·史东是美国保险公司的董事长和主要的股份持有人，算得上是美国最富有的人之一。在20世纪六七十年代，他的个人资产达到4亿美元，这一切是靠他推销保险赚来的。

史东出生在1902年，在很小的时候，父亲就去世了，留下孤儿寡母相依为命。为了糊口，母亲成了一家保险公司的推销员，史东就在那时候对保险产生了兴趣。

史东初中毕业，母亲见他在家闲着没事，便让他试着为保险公司拉生意。按照母亲的指点，史东来到一座办公大楼前。刚开始，他有点紧张，不敢贸然走进大楼，心里甚至打起了退堂鼓，可母亲说过的话突然在耳边响起："当你决定去做一件事时，不要顾虑，要说干就干。"于是，史东猛地来了勇气，大步走进了大楼。

从一间办公室到另一间办公室，史东不断劝说人们买保险。在说话的时候，他甚至不敢有片刻的犹豫，生怕恐惧会乘虚而入。就这样，他一直从底楼跑到顶楼，不管遇见谁，都要向对方介绍一下自己的保险。工夫不负有心人，终于有两个人答应买保险了，史东高兴得眼泪直掉，第一次尝到了成功的喜悦。他的保险生涯也从此开始了。

初战告捷的史东对自己的推销才能越发有信心，越干越有劲。果然，随着经验逐渐丰富，他的成功比率也日渐增加，到20岁的时候，他来到了芝加哥，成立了一个保险代理公司，并为它起了个名字，叫"联合保险代理公司"。

这个名头不小的保险公司，其实从上到下只有史东一个人，但在开张的第一天，他就一下子拉到了50多位客户，生意很红火。后来，史东又把业务扩展到伊利诺斯州，公司的前景越来越被人看好，他决定招兵买马——雇佣兼职人员为自己干活。

出乎史东意料的是，前来公司应聘的人竟来自美国各地，有印第安纳州的，还有威斯康星州的，史东不禁心里一亮：既然这么多人对我的公司感兴趣，那我为什么不让这些人在他们的家乡做我公司的保险代理呢！

想法付诸实施后，史东的公司发展快得惊人，从南到北，从东到西，覆盖面越来越大，仅用了5年时间，他的保险推销员达到了1000多人。到了20世纪30年代中期，他已经成了大名鼎鼎的百万富翁了，但他并不满足，一心想创立一家独立的保险公司，自己当老板，不再给别人当代理。可自立门户不是一件容易的事，所以他一直在悄悄地等待着机会的到来。

机会终于被等来了。曾经兴旺一时的宾夕法尼亚伤亡保险公司因为不景气，它的大股东摩尔商业信用公司不得不以160万美元的价格出售，史东决定抓住这个不可多得的机会，但他手头一时没有这么多钱，于是他找到摩尔公司的老板，开门见山地说："我想买下你的保险公司。"

对方想都没想，手一伸："当然可以，不过你得拿出160万来。"

史东一耸肩，平静地说："我现在暂时没这么多钱，但是我可以借。"

借？向谁借？对方望着史东两眼发愣，只听史东说道："我希望你能把这钱借给我。"

对方先是一呆，随即哈哈大笑，这简直不可思议，哪有向对方借钱买对方的东西的道理！不过大笑过后，摩尔老板细细一想，也觉得可行：自己的商业信用公司就是向外提供贷款的，像史东有这么好信誉的人，没理由不把钱贷给他。于是，经过一番洽谈，这笔买卖成交了。

买下保险公司后，史东信心十足地经营起来，公司的发展迅速壮大，业务很快遍及了全美国，接着又延伸到了国外，到了1970年，公司的保险额高达2亿多美元，员工有5000多人，成为世界最知名的保险公司之一，公司也改名为"美国混合保险公司"，史东由此成了美国最有成就的商人之一。

·银行家的信誉·

从1899年到1906年，弗兰克在美国已定居了7个年头。7年前，他们全家从意大利移民来到这个西部小城，开办了一家小银行。弗兰克日夜操劳，凭着一股子韧劲，成了城里最有信誉的金融家。要是问城里最成功的人，大部分人都会回答，就是那位意大利佬。

就在弗兰克被看好的时候，一件意外的变故改变了他和家人的生活轨迹。一天深夜，有伙强盗光顾市区，抢了三家商店和两家银行。当弗兰克赶到出事地点，粗粗地估算了自己的损失，发觉银行已经破产。事后，他把没被抢去的动产和不动产作赔偿，这时，他手里只剩下一本存款记录，上边记的差不多都是小额存款，是一些不算富裕的家庭的命根子。但加起来的总数，对已经一文不名的弗兰克来说，简直是个天文数字。

警方为了破案，着实忙了一阵，结果却只能不了了之。那些原本想破了案捞回点血本的存款人大失所望，一齐把怨恨结在弗兰克身上。当初一张张数着递给了他，那钞票已化为乌有，不怨他怨谁？有的人甚至开始怀疑弗兰克，仿佛那些强盗正是弗兰克从西西里岛上请来的，弗兰克家的大门被刷上柏油，粘上鸡毛，墙上也写了几个大字："该死的意大利黑手党！"

好些人替弗兰克捏着把冷汗，估计着他无论如何没法挺过这个难关。但弗兰克却异常镇定，他在一家银行的会计部谋了个职业，像对待自己的银行一样，尽心尽力干活；他的四个女儿，也各自找到了职位，得到老板的重用，全家人似乎已从自己遭受的不幸中走出来，重新开始生活。

但是，事态并没有终止。一群年轻人，在别人唆使下，公然把弗兰克家所有的窗玻璃砸了个稀巴烂，再一次引起了轰动，事态平息后，警察局局长再也忍不住了，便约弗兰克先生到自己办公室，作一次推心置腹的交谈。

"真抱歉。"局长在一阵难堪的沉默后开了口，"其实我们都很清楚，您也是上次劫案的受害最深的人，我们没能替您找回公道。有时候，法律实在太苍白无力，我们也有苦衷。不过，我们也无法管住有些人的感情。先生，您有没有想过，换一个全新的环境，您或许还能东山再起。退一步，天地会更加宽广。"

"不！"弗兰克拒绝了局长的建议，"我们全家已经作过审慎的讨论，觉得不能向命运低头，在哪里跌倒，就该在哪里站起来。何况，我们还有这么多的债权人，决不能一走了之。"

局长听了弗兰克的回答，着急起来："你这又何苦来着？按法律规定，你并没有责任，干吗要找个黑锅背着？"说到这儿，局长猛然觉得自己有点失言，赶紧尴尬地打住。办公室里又沉默起来。

"谢谢，"弗兰克再一次婉言拒绝，"从法律上讲，我或许确实一点责任也没有。但是，从道义上看，我却有无法推卸的责任。我是一个银行家，我得维护自己的信誉。"说完，弗兰克立即起身告辞，把一肚子疑惑的局长，留在了他那张宽大的办公桌后面。

从局长那儿出来，弗兰克立即在会计事务所找了第二份工作。他是一位出色的会计师，可以利用业余时间，替事务所解决一些疑难问题。事务所也巴不得有这么一颗精明的脑袋来增加自己的知名度，他们给了弗兰克丰厚的酬金。

弗兰克在两个岗位上拼命工作，他的女儿们也奉献出自己所有的结余，他们本可以生活得像过去一样风光，但弗兰克太太总是在计算可以省下来的每一个美分，把它放进家庭的结余栏目里去。

每到月底，弗兰克先生总要把手头的现金盘查一遍，然后到银行替别人建一个账户。到了第二天，城里的某个家庭便会收到银行的通知，并接到一张明信片："先生：您以前在弗兰克银行的存款已经可以提取。由于众所周知的原因，该行早已停业，所以无法再追加您存款的利息。您的本金已存入××银行，请至该行查询。谢谢。"这笔存款，那些储户恐怕早已忘记了，而银行家弗兰克却不曾忘记。这怎不让人既喜出望外，又万分感动呢？

　　弗兰克就这样一笔一笔地还清自己的道义债，他一直还了39年。当他还清最后一笔存款，在账本最后画上一个"0"时，他终于舒了一口气："现在，我真的是无债一身轻了。"

·报人普利策·

约瑟夫·普利策1847年4月10日出生于匈牙利一个叫马科的小镇，家里的生活比较富裕，让他从小就不愁衣食。后来，他父亲因病去世了，母亲改嫁给镇上的一个单身汉，普利策同这个继父怎么都相处不好，便在17岁时，冒险渡海，孤身来到美国。他哪曾想到，自己将在若干年后，会在这块土地上成为一个家喻户晓的大富豪和新闻创始人。

来到纽约，普利策报名参了军，可是当美国南北战争结束后，他又没地方可去了。就在他犹豫不决的时候，他的一个战友劝他到美国西部去，于是普利策就把目标定在了密苏里州的圣路易斯。

在普利策出发时，他的身上只有几个铜板，他卖掉身上惟一值钱的一条丝质手帕，以步行和搭乘火车的方式赶往圣路易斯。经过一番艰苦的跋涉，普利策终于到达了目的地。

对未来充满希望的普利策开始在圣路易斯找工作了，可他接连几天跑下来，都没找到一份适合自己的工作。这天傍晚，当他又一次垂头丧气地回到住处时，房东一看就知道今天他又是一无所获，便对他说："你要想在这里找一份固定的体面工作，不会英语是不行的，我看你还是先把英语练好吧。"

房东的话给普利策提了个醒，第二天一早，他便直奔圣路易斯的商业图书馆，同里面的工作人员都快把嘴皮磨烂了，才终于达成协议，同意他每天可以在图书馆任意借阅图书，不过他得每天无偿为馆里工作2小时。

就这样，普利策一边打工，一边在图书馆里如饥似渴地学习。一天晚上，正在图书馆里干活的普利策，被馆里两个下棋的人吸引住了，见其中一人正举棋不定，普利策急忙喊道："别走那一步，那是死棋。"

两个下棋的人被普利策这一声猛喝吓了一跳，他们抬起头，惊讶地看着眼前这个年轻的陌生人，只听他又说："先生，你要是按你刚才那样走，肯定必输无疑。"说完，他竟举起棋子，在棋盘上连走几步，完了才笑眯眯地说："如果这样走，你还是有机会赢这盘棋的。"下棋的两个人一言不发，看看棋盘，又看看普利策，好像被这位年轻人的棋艺给镇住了。

当普利策正想离开时，其中一人忽然叫住了他说："年轻人，我想认识一下你这位棋艺高手，我叫苏兹，这位是我的好朋友，艾米尔先生。"

这两人的名字简直对普利策如雷贯耳，他们是一家德国大报《西方邮报》的编辑，想到自己刚才竟不知天高地厚，去指点他俩下棋。普利策的脸一下绯红起来。

通过交谈，二人对普利策很赏识，于是邀请他去《西方邮报》当记者。这突如其来的际遇让普利策简直不敢相信是真的，第二天，他便兴冲冲地去报社上班了。

由于普利策的努力，很快就能胜任记者这个工作了，并得心应手。没过多久，一篇篇精彩的报道便从他的笔下飞泻出来，深得读者的喜爱，《西方邮报》也因此销售量直线上升。这一年，普利策才刚满23岁，他就成了圣路易斯老少皆知的风云人物了。

1878年，普利策买下了《圣路易斯邮报》，从此，他以一个光彩夺目的形象出现在新闻界。他创立的普利策奖在美国新闻界最负盛名，并且至今仍影响着新闻界从业人员。

·相信自己·

摩根毫无疑问是华尔街的金融奇才，他在创业的道路上，充满了冒险精神。

年轻时的摩根，曾在德国哥西根大学读书。那时，他的最大梦想，就是有一天能去周游全世界。

大学毕业后，摩根来到设在费城的邓肯商行工作。商行总裁邓肯先生非常喜欢这个聪明勤快的年轻人。可他过人的胆识和冒险精神，却常常害得邓肯先生心惊肉跳。

有一次，因业务需要，邓肯派摩根去纽约洽谈一笔业务。摩根一上火车，满脑子就开始盘算如何帮老板把这笔生意谈成。

他正想得入神，忽然，车厢的门外响起了几声敲门声。摩根打开门，看见一位年轻的陌生人站在走道上。

陌生人望着摩根，好像一下子看到了希望一样。他结结巴巴地问道："先生，我听人说，你是专搞商品批发的吧？"

摩根点了点头，随手从口袋里掏出一张名片，递给年轻的陌生人，问道："你找我有什么事吗？"

陌生人见摩根没有一丝拒绝他的意思，不禁有些兴奋起来，说："先生，我可以进来吗？"摩根让他坐进车厢，年轻人滔滔不绝地说："我的确有事找你帮忙。事情是这样的。有一船咖啡需要立即处理掉，这些咖啡原来是一个咖啡商订购的，现在他已经破产了，而我就是货船的船主。他没钱支付我的运费，就把船上的咖啡抵押给了我，可我根本不懂关于这方面的事情，想问问你，是否对我的这船咖啡有兴趣？"说到这里，他擦了一把额头的汗，接着又说道："很便宜，你只要付别人价格的一半就可以了。"

摩根一直听他说完，才不动声色地问："这船咖啡你真的很急着卖吗？"

陌生人直点头，连声说："不急干吗这么便宜就卖了？"他一边说，一边从口袋里掏出了咖啡的样品，递给摩根。

摩根只轻轻瞥了一眼，淡淡地说："好了，我全要了！"

这时，摩根的身边早已站了好几个看热闹的人。他们见摩根如此轻率地买下了这船还没亲眼看到的咖啡，连忙提醒他："年轻人，你胆子也太大了吧，你能保证整船的咖啡质量和样品一样吗？"

摩根毫不理睬这些人，立刻打开随身带的皮箱，把订金交给了陌生人，并约好了提货和支付剩余货款的时间。

等摩根把纽约的事一办完，就兴冲冲地赶回到费城。他在火车上买咖啡的事，早传到邓肯先生的耳朵里，他一见摩根，就大发雷霆："你这个不知天高地厚的小子，想拿我的钱开玩笑吗？"

摩根回答道："我认为不会上当的，现在我们应该马上去提货，以免这船咖啡落到别人手里，你应该相信我！"

邓肯怒吼道："你立刻去给我取消这个交易，所有的损失你一个人承担。"

摩根不再解释了，他转身离开了邓肯的办公室，决心同邓肯决裂。现在他的困难是怎样尽快筹到一笔买咖啡的钱。于是，他给父亲写了一封信，请求父亲助自己一臂之力。

父亲相信儿子的眼光，毫不犹豫地把钱汇给了摩根。摩根终于能够如愿以偿地买下了这船咖啡。

结果证明摩根胜利了，在他买下这批咖啡不久，巴西咖啡遭到了霜灾，大幅度减产，价格一下子上涨了3倍。摩根由此赚下了他一生中的第一桶金。

·诚信待人的麦卡锡·

　　美国亿万富翁格伦·赫伯特·麦卡锡，是得克萨斯人，他从小就跟着父亲在油田长大。他非常喜欢同那些天南地北的人泡在一起。因为在他眼里，他们每一个人都有着传奇的故事和不平凡的经历。但是，到他15岁时，他便结束了少年时期的流动生活，随父亲迁到了休斯敦市定居，告别了油田和他喜爱的人们。

　　长大后，麦卡锡到一家石油公司做了油泵管理员。因为他头脑灵活，反应敏捷，所以给公司创造了不少赚钱的机会。有一年冬季，麦卡锡看寒冬快来了，就建议经理提前储备一批防冻剂。结果，寒潮袭来时，整个地区只有他们一家有防冻剂出售，结果让这位经理大赚了一笔。

　　不久，麦卡锡辞去工作，开了一家油站。他凭着过人的才智，没过多少时间，就把油站扩大为两座。但他并不甘心过这种平淡无味的生活，一心向往着成为一名寻找石油的大富翁。于是，他卖掉了一座油站，拿着这笔钱作为自己去找石油的资本。

　　麦卡锡先在博蒙特市不远处租下了一块地皮，然后买了一部钻井设备和一些工具，招聘了一些熟练工人。在一番祈祷后，他开始钻探了。6个月后，麦卡锡的第一口井钻出来了，可它是口干井，一滴油也没有。麦卡锡只好再租一套较好的钻井设备，重新来到休斯敦附近的一块土地上，继续钻探，然而，他的希望再次落空了，这又是一口干井！

　　转眼到了美国经济最萧条的1933年，许多开发石油者都因找不到油而家破人亡，谁都不敢再涉足这个行业，只有麦卡锡依然锲而不舍，丝毫没有退出的意思。由于资金的不足,他又卖掉了自己赖以生存的另一座油站。

又是一番艰辛的钻探,这回麦卡锡终于钻出了石油。他站在汩汩流淌的油井边,激动得哭起来。这口井,让他一下子就赚了70万美元。

尝到甜头的麦卡锡,决定加快步伐。他用赚来的70万元买了一幢房子,再贷款买了套价值100万美元的新型钻井设备,然后又借了70万元租用一块更大的土地,并雇佣了大批人马,开始红红火火地干起来。

可这一次,幸运非但没有降临到麦卡锡头上,反而把他推向了灾难的边缘。麦卡锡刚钻出的一口油井突然失火,整整烧了三天。接着,另一口井的井架又突然倒塌,这让麦卡锡一夜之间变得一无所有,还欠下了200万美元的债务。

就在麦卡锡一筹莫展的时候,忽然来了一位有钱人。他想聘用一个地质学家,来替他钻探石油,而麦卡锡正是这个钻井队的承包人。他们两人一商量,决定合伙干。他们在确定地点后,便开始钻探,结果钻了很深,仍一无所获。那位有钱人见没什么指望,便放弃了钻探,回家去了。麦卡锡凭着自己丰富的钻井经验,认为这决不是口枯井。这时,他只要稍稍支付给合伙人一点点钱,就可以在那口井里继续钻探,然后独占这笔财富,这样他至少能赚到1000万美元。但他没有这么做,而是一个电话打给了那位有钱的投资者,将实情一五一十告诉了他,这位合伙人又回到了钻井旁。

几天后,油井果然出油了,这位合伙人对麦卡锡感激万分,分给他一大笔钱,这样,麦卡锡不但还清了欠款,而且重新投入到探油的事业中。

此后的麦卡锡,事业真是一帆风顺,一发不可收拾。他钻的井总比一般人钻得深,设备也很先进,而且每口井出油量都很高,让他很快就成了世人瞩目的石油大亨。

·让100万人"站"起来的富翁·

他叫肯尼斯·贝林，在世界各地拥有上万个投资项目，三次登上《福布斯》世界前400位富豪排行榜。他曾拥有无数耀眼的头衔，但如今看重的只有一个：世界轮椅基金会主席。虽然他已经75岁了，但一年中有270多天他还在世界各地飞来飞去，目的就是把轮椅送到贫困的残疾人手里。有人问他图什么，他说这是他的理想，他要让100万人"站"起来。

出生在美国中部威斯康星州的贝林，很小时父亲的农场就破产了。每当回忆起那段日子，贝林总是黯然神伤地说："我受够了没有衣服、没有暖气、也没有厕所的生活，所以我憎恨贫穷。"为了告别贫穷，他夏天去货场搬运沉重的水泥；冬天在暴风里躺在地下修车，这才积攒下了一点钱。后来他又做过汽车销售商、银行职员、房地产商，并建造了闻名世界的黑鹰别墅区。这时，他还不到30岁，身价已经超过百万了。

可当时这位年轻的百万富翁并不快乐，虽然他有能力购买任何用金钱能买到的东西，但他总觉得缺少点什么。于是，他决定用所拥有的财富，去帮助世界上那些遭遇不幸的人。他在加州的伯克利大学建立了贝林教育学校，专门培训出色的小学教师，使他们有资格成为中部及落后地区的小学校长；他收购西雅图海鹰足球队后成立了基金会，帮助那些肌肉萎缩症患者；他用自己的飞机，把许多书籍、医疗用品、衣服捐赠给非洲贫困的人……

一次，贝林应美国一家教会的请求，为科索沃捐赠了5万听肉罐头，并随机带去了一批轮椅。在那里，他听说全世界有上百万的残疾人被遗弃，仅仅是因为无法自由活动，不由得呆住了：这些人已经承受了这么大的痛苦，我们正常人怎么能把他们遗忘呢？

半个月后，贝林又带着50辆轮椅来到越南。当他把一个8岁的残疾小女孩抱上了轮椅，小女孩害怕得哭了，后来小女孩摇着轮椅走动的时候，泪水消失了，幸福的笑容慢慢在脸上荡漾开。她贴在贝林的耳朵边，悄悄地说："谢谢你，我可以自由地飞了！"那一刻，一种从未有过的快乐突然涌上了贝林的心头。

从那天起，贝林就与轮椅结下不解之缘，为此，他在2000年6月捐资1500万美元，成立了一个非盈利性的"世界轮椅基金会"。基金会成立的那天，他在宣言中承诺：向每一位需要轮椅的贫困残疾人赠送轮椅，给他们带去行动、自信和希望。为兑现诺言，贝林像个繁忙的外交家，乘坐着他的私人飞机，穿梭在世界各地，将西班牙国王、巴拿马总统、纽约第一夫人、中国残联主席邓朴方等各国有影响力的人物，一一请进该基金会，担任国际顾问委员会委员。目前，已有上百个国家的近25万贫困残疾人，坐上了世界轮椅基金会捐赠的轮椅。

每当看着那些残疾人"站"起来，这个75岁的美国老头的脸上便会露出孩子般的神情，得意地对人说："当那些从未露出笑脸的人，突然在我面前绽放出最快乐的笑容时，我就觉得自己是世界上最幸福的人，这也是我一生里做过的最棒的事。"

不过，在这么多国家里，贝林似乎格外钟情中国，2001年到2004年5月，他三年一共来过中国15次，捐献轮椅6万多辆，而且还保证：从2004年3月开始，每年将捐献1万辆轮椅给中国。此言一出，国外的媒体纷纷埋怨起贝林，都说他太偏心了。

2003年5月，SARS在中国大肆蔓延，贝林全然不顾世界卫生组织的警告，义无反顾地来到中国。他对那些劝阻他的人说："想想那些残疾人吧，已经有人告诉他们将于某天得到那辆轮椅了，难道就因为SARS的原因，让他们再等几个月吗？"那次，贝林给中国几个城市的残疾人送去了3000辆轮椅。他不但拒绝戴口罩，而且还照样跟每位受赠残疾人紧紧握手。

有人问他："你为什么这么偏爱中国？"

贝林调皮地回答："我觉得我的前世是在中国生活的。"然后他指指自己的脸，笑容满面地说："中国人说我是佛相。"

当有人问起他打算如何处理自己数以亿计的遗产时，他也乐呵呵地回答："我希望过世时把自己最后的一分钱都捐光。因为在美国要向政府和州政府分别缴纳55%和15%的遗产税，与其让政府拿钱买军火去伤害别人，还不如我自己把钱给需要帮助的人呢。"

贝林这边刚说完，有人马上把话传给了他的儿子。他的儿子眼皮都不眨一下，不紧不慢地说："从小父母就教育我们帮助别人是一种义务，父亲按自己的愿望把钱捐出去我很理解，我为有这样的父亲感到自豪。"

贝林写过一本书，书名叫《巅峰上的喜悦》。他说，这本书会告诉你，帮助他人是多么重要，这种满足感是用金钱买不来的，这就是巅峰上的喜悦。

·只借1美元·

尼卡斯是一个犹太人，做起生意来非常精明，年仅30多岁就成了一位千万富翁了。

一天，尼卡斯走进美国华尔街一家银行，来到贷款部前，大模大样地坐了下来。贷款部经理见他身穿名贵的西服，脚踩高档的皮鞋，手腕上还有一块闪闪发光的名表，知道来头不小，急忙跑上来，小心询问道："请问先生，您有什么事需要我来效劳吗？"

尼卡斯点点头，说："是的，我想借点钱。"

那位经理满脸堆笑，把头点得像拨浪鼓一样："完全可以，完全可以，那您究竟想借多少呢？"只见尼卡斯慢慢伸出一根手指，在经理的眼前晃了晃。经理惊奇地把嘴巴张得老大，半天才说出一句："您只借1美元？"

尼卡斯微笑着回答："对，我只需要1美元，难道不行吗？"

经理的大脑立刻高速运转起来：这人穿戴得如此阔绰，为什么只借1美元呢？看来他在试探我们的工作质量和服务效率。想到这儿，他便装出十分高兴的样子，连声说："当然，当然，只要有担保，无论您要借多少，我们都会照办。"

尼卡斯听经理这么一说，没再言语了，随手从豪华皮包里取出一大堆股票、国债等东西，往桌子上一放。经理把眼睛睁得老大，不知他要干什么，只听尼卡斯问："你看这些做担保可以吗？"

经理草草清点了一下，说："先生，这里总共有500万美元，做担保是绰绰有余了，但是先生，您真的只借1美元？" 尼卡斯面无表情地说："是的，我只需要1美元就够了。"

经理无奈地耸了耸肩："好吧，请您到那边办手续吧。您贷款的年息为6%，只要您付出6%的利息，到时，我们就把这些股票和债券还给您……"

尼卡斯点头称谢，迅速办完手续，准备离开。一直在旁边冷眼观看的银行行长怎么也不明白，一个拥有500万美元的人，怎么会跑到银行来借1美元呢？于是他从后面匆匆追上来，有些窘迫地说："对不起，可以问您一个问题吗？"

尼卡斯停住了脚步，不知他要问什么问题，只听他接着说："我是这家银行的行长，我实在不明白，您拥有500万的家当，为什么只借1美元呢？要是您想借30万或者50万的话，我们一样都乐意为您服务。"

尼卡斯笑着回答说："好吧，既然你如此热情，我不妨把实情告诉你。我到这儿来，是想办一件事情，可是随身携带的这些票券很碍事，我问过几家金库，要租他们的保险箱，可租金非常昂贵，我知道你们这里保安很好，所以就把这些东西以担保的形式寄存在这里，由你们替我来保管，这样一来我就放心多了，况且又很便宜，存一年不过才6美分……"

一席话，让银行行长如梦初醒，他对尼卡斯的做法钦佩得五体投地，不禁连竖大拇指。

这次，尼卡斯只是采用了"横向思维"和"反向思维"的方法，就取得了常人意料不到的效果，其实这也是他在商场上常用的一招——"出奇制胜"。

·报童变富豪·

美国新一代石油大亨邦尼的大名在美国无人不知，无人不晓，他最让人们感兴趣的并不是拥有的30亿美元家产，而是他如何从一个报童开始，一步步成为大富豪的。

邦尼1928年出生于美国俄克拉何马州的何顿威尔镇，他的童年和每个孩子一样，普普通通，谁也没料到这个貌不惊人的小孩子今后会有一番巨大的作为。12岁起，邦尼开始靠打零工赚取零用钱，他专门给人送报，并为报社做钟点工。每天天还不亮，他就要起床到报社领取当天的报纸，然后送上长途汽车，接着再挨家挨户送报，每份报纸仅仅赚1美分。

1951年，邦尼大学毕业，成为一家石油公司的小职员，从那时起，他开始和石油打上了交道。公司的工作很清闲，日子过得蛮舒服，但邦尼是个有理想的人，这种处境让他非常不满意，几年后，他决定去努力奋斗一番，做一个独立的石油人。拿定主意后，他毫不犹豫地辞去了工作。

广阔的得克萨斯州西部资源丰富，发财机会很多，只要肯吃苦，再有一点资金，开创一番事业并不难。于是，邦尼第一件事就是找到一个石油商，希望能做他的石油经纪人。在他的极力劝说下，一名石油商竟点头同意了。

激动不已的邦尼立刻用自己全部的储蓄买下了一辆客货两用车，白天，他就把车厢作为办公室；晚上，那儿又成了他的卧室。每天一大早，他开着车出去工作，到处洽谈生意，饿了就胡乱啃口面包；困了就伏在方向盘上打个盹。一连几个月，邦尼都是在这种艰苦的时光中度过的。

邦尼这种吃苦耐劳的精神终于感动了人们，许多大石油公司纷纷委托他代办买卖业务，头一年，他就赚到了1万多美元。

越来越有信心的邦尼抓紧机会，和几个朋友成立了一个新公司——石油发展公司，开始集资钻探石油。经过艰苦的探测，仅过了一年，邦尼就打出了9口石油井，生产总值高达225万美元；第二年，他又趁热打铁，一口气开发出13口油井，结果又是大获全胜。邦尼的事业猛地跃上了一个新的台阶。

然而，不是任何人都是一帆风顺的，邦尼也不例外。1959年，由于判断的失误，在一项新的开采计划中，邦尼历经4个多月钻出的油井全是干井，一下子就损失了50万美元，本来蒸蒸日上的公司因此陷入了困境。

为了渡过危机，邦尼不得不大量裁减公司员工，最后只留下了3个人，但他并不气馁，天天奔波在美国和加拿大之间，寻找理想的采油点，争取东山再起。可是，幸运之神再也不愿降临到邦尼的身上，他的努力一次次宣告失败，三年时间一晃过去，一切还是老样子，没有一点起色，这让邦尼第一次感到绝望。

机会总是姗姗来迟。1962年，邦尼终于在得克萨斯州的夏志郡发现了一块满意的油田，可以钻出98口油井，并能保证每天产油60桶。虽然找到了目标，但邦尼怎么也高兴不起来，因为他的公司已经没多少钱了，实在无力开采，没办法，他最后只好把这些油井低价卖给了别的投资者，仅仅赚到了75万美元。

公司的大股东听说邦尼又让公司起死回生了，不禁打起了坏主意，想独霸公司。他对邦尼说，自己患了癌症，已经没多长时间活了，要求邦尼还清他的债务，否则便要全权接管公司的生意。

邦尼一眼就识破了他的诡计，当场决定分期付款还清他所有的债务，条件是他必须得退出公司。就这样，公司属于邦尼自己的了，他将公司改名为"麦沙石油公司"，开始进军华尔街。

到1981年，麦沙石油公司资产达到了20亿美元，成了美国最大的独立石油公司，用邦尼的话说，只有在这个时候才体会到了成功的滋味。

·废物创大业·

19世纪30年代，美国俄亥俄州的辛辛那提河边镇非常繁荣，这主要归功于当地迅速发展的猪肉加工业，但人们只留下瘦肉和猪内脏，却忽略了猪油和肥肉的价值，其实这两样东西都是生产肥皂和蜡烛的最佳原料。就在这时候，小镇来了两个年轻人，靠回收加工人们丢弃的这些废物，不但发了大财，公司还名扬海外。

两个年轻人中的一个叫詹姆斯·甘布尔，是北爱尔兰移民。1819年，他随家人漂洋过海来到了美国，希望能在这片土地上找到美好的生活，本来全家人是去伊利诺斯州的，可在半路上，甘布尔突然患了大病，没办法，他们只好在辛辛那提这个城市住了下来。

养好了病，甘布尔便到处去找工作，一个制作肥皂的师傅见这个外乡人挺不容易，就收留下他，在自己的店里当学徒。甘布尔在肥皂作坊一干就是8年，终于掌握了制作肥皂的全部工艺，于是他告别了师傅，兴高采烈地和别人合伙办了一家小型肥皂厂。

如果不是来自英国的普罗克特的出现，甘布尔可能一辈子都会在小城里默默无闻。1833年，英国人普罗克特来到了辛辛那提，起先他并不知道该怎样赚钱养活自己，但他很快发现，这个只有2.5万多人的小城，制作蜡烛的原料非常多，于是他果断决定，开办一家蜡烛厂。

由于甘布尔和普罗克特所用的原料都是一样的，所以他们很快就相识了，还成为了一对好朋友，甘布尔还让自己的妹妹嫁给了普罗克特，一夜之间，两人又从朋友变成了亲戚。这时候，甘布尔的父亲说："既然大家都是一家人了，而且你们的生意又是用同一种原料，我看不如联合起来，大干一场。"

两人一听，都觉得挺有道理，于是甘布尔关闭了自己的肥皂厂，和普罗克特的公司联合了起来。就这样，100多年后名震世界的"宝洁公司"诞生了。

普罗克特工厂里全部的设备只是一间租来的库房、一个院子和一个狗窝。狗窝是他用来吓唬盗贼的，但由于太穷，连一只看家狗都养不起。甘布尔看了，拍拍普罗克特的肩膀："等我们以后发财了，一定让这院子里养满狗。"普罗克特被逗乐了，一边点头，一边说："对！现在我好像就已经闻到钱的味道了。"

生产开始了，他们在院子里用一只装着铁底的大木桶熬油，不分日夜地加工产品。平时只要一闲下来，甘布尔就拿上生产出的肥皂，去挨家挨户换取别人废弃的猪油和肥肉；而普罗克特则把所有财务打理得井井有条。

随着两人的友谊越来越深厚，公司的业务也越来越红火，刚开始，他们主要靠生产蜡烛赚钱，后来发现，肥皂竟越来越受欢迎，于是两人又一合计，决定把重点放在肥皂的制作上。

虽然肥皂的销量大了，但麻烦也来了。因为宝洁公司的肥皂没有任何标记，所以顾客无法辨认出哪些是宝洁公司生产的，这样一来，便让其他肥皂生产商钻了空子，宝洁公司的产品在销售中吃了大亏，为此，甘布尔和普罗克特伤透了脑筋。

一天，一个码头工人闲着无聊，在宝洁公司的包装箱上画了个十字图形，恰好被路过的甘布尔看见，他不禁眼睛一亮，当场决定用这个十字图形做公司产品的商标。几年后，这个图案被改成了一个星星，接着改为了一组星星，最后变成一个月亮和一组星星，这个商标一直沿用到了今天。有了自己的商标，宝洁公司的销售额大增，到1859年，它已经成为辛辛那提最大的公司了。

肥皂的热销让甘布尔和普罗克特信心十足，随后又研制了牙膏、洗衣粉等日用消费品，都获得了不俗的成绩，这些产品从辛辛那提走向了全美国，又从美国走向了全世界。

·聪明的商人巴斯拉克·

　　美国的巴斯拉克是一位成功的商人，他拥有许多资产，被誉为美国的饮料大王。可是谁会相信，原先他只是个卖冰淇淋的小商贩呢？

　　那年夏天，天气奇热无比，冰棍和冰淇淋之类的夏季食品供不应求，许多冷饮商们以为赚钱的机会来了，于是便大量地生产、囤积冰棍和冰淇淋。

　　谁知好景不常，天气突然开始转凉，冷饮顿时供大于求，冷饮商们资金的周转一下失灵了，许多人都面临着破产的威胁，巴斯拉克就是其中的一个。

　　巴斯拉克虽然也是焦急万分，可他心里清楚，如果再这样消极地等下去，只有死路一条，目前自己惟一的出路就是想办法出售陈货。于是，他四方奔走，到处叫卖，可是起色不大。

　　这天，巴斯拉克在推销的途中，无意看到了一张马戏团的海报，他灵机一动，忙跑去同那个马戏团联系，然后，他雇人在马戏团演出时，向每位观众赠送一包爆米花。

　　人们边看着精彩的马戏，边吃着不要钱的爆米花，不知不觉，个个感到口干舌燥，就在这时，跑来了一大群卖冰棍、冰淇淋的孩子，人们急忙争相购买，不一会儿，便把这些孩子的冷饮买得一干二净。原来，这些卖冷饮的孩子全都是巴斯拉克找来的，他向观众赠爆米花的目的就是要推销掉自己积压的冷饮。

　　就这样连续几天，巴斯拉克终于把全部冷饮都卖光了，他的店铺不仅没有倒闭，反而赚了一大笔钱。过了没多久，他的同行都纷纷破产了，巴斯拉克却毫不犹豫用赚来的钱以低价买下了那些破产企业。

他的事业，从这时才真正开始。

第二年，世界食品博览会在美国的芝加哥举办，会上展出了全世界各大食品厂家的各种产品，巴斯拉克当然不会错过这个机会，他也把自己公司生产的饮料送了去。

第二天，巴斯拉克来到博览会中心，见那里人山人海，他想自己那包装精美的产品肯定会大受欢迎的。可是他在展厅里走了半天，也没发现自己的产品，最后还是一个工作人员告诉他，他公司的产品陈列在一个偏僻的小阁楼上。巴斯拉克跑去一看，当时就傻了眼，原来这个偏僻的小阁楼不但很难被人发现，而且即使有人发现了，也懒得爬上去。

巴斯拉克在自己的陈列柜前站了半天，一直都冷冷清清，连个人影都没有。他请求工作人员帮他另外安排一个地方，可工作人员一口回绝，说没有多余的空地了。于是，巴斯拉克无可奈何回到了家。经过一夜的苦思冥想，他终于想出了一条妙计。

在博览会开幕的第三天，会场中参观的人，忽然发现在地上、餐桌上或椅子上，经常会有一些制作十分精美的小铜牌散落在那里，拾起来一看，上面刻着一行字："捡到这块铜牌者，可到阁楼上领取巴斯拉克公司的一份纪念品。"

人们拿着小铜牌，怀着好奇心纷纷拥向小阁楼，连日无人问津的小阁楼顿时被挤得水泄不通。

从那天起，巴斯拉克的小阁楼，变成了博览会最热闹的地方，参观者络绎不绝，订货者也相当多，巴斯拉克的订货量远远超出了其他厂家，所以后来人们一提到巴斯拉克，都佩服地说："他赢不是靠手段，而是靠他的智慧呀！"

·靠借钱发财·

借钱还能发财？当然！不过不是谁都能以此发财的。而美国的丹尼尔·洛维格却是一个例外。如今，他不但拥有大规模的航运业，还经营着旅馆业、饭店业、房地产业等很多大买卖。资产多得数不清，这一切，全是靠他借钱赚来的。

在海滨小城阿瑟港长大的洛维格，很小的时候就梦想着有一天拥有一艘属于自己的轮船，然后驾驶着它满世界航行。为了早日实现这个梦想，高中没毕业他就进了修船厂，也许他这一辈子注定要和船打交道，因为他对维修涡轮引擎之类的东西好像是无师自通，不管东西坏得有多厉害，只要到他手里，保证能恢复原样。

随着年龄的增长，洛维格越来越向往过上好日子。他打心眼里希望自己能挣好多钱，让自己也尝尝成功的滋味。可是像他这样一个小维修工，又没本钱又没路子，怎样才能发财呢？一番苦思冥想后，他打算去借钱，用别人的钱来开创自己的事业。

能借大钱的只有银行。于是，洛维格开始整天穿梭于纽约各大银行之间，游说经理们贷给自己一笔款子。虽然他一再承诺自己今后一定有偿还能力，但根本没有人相信他，因为他现在一无所有，贷款给他风险实在太大。

希望像肥皂泡一样，一个接一个破灭了。就在洛维格即将绝望的时候，一个绝妙的念头突然出现在他脑海里。原来，他有一条还能勉强驾驶的老油轮，只要把它稍稍修理"打扮"一下，再把它以低廉的价格包租出去，然后用租约合同做抵押，对银行说，他有一艘被大公司包租的油轮，每月都有固定可观的租金，这样一来，银行就有可能答应贷款给自己了。

一切都和洛维格计划得一模一样，银行经理们商量了一下，便把款子贷给了他。当时，银行的这个大胆的举动在社会上引起了极大的轰动，许多人都不理解，为什么会把巨款贷给一个两手空空的人。但银行却说，他们贷款并不管洛维格有没有偿还能力，只要他的油轮还在，只要包租油轮的公司还在就行了。

顺利拿到银行贷款的洛维格，毫不犹豫地买了一艘货船，把它改装成一条大装载量的油轮，然后同上次一样，再把它包租出去，获取租金，再到银行做抵押，重新贷一笔款，然后再去买船，再出租……就这样，大笔的钞票就像滚雪球一样滚进了洛维格的腰包。时间一长，贷款一笔笔还清了，油轮也就彻底属于他的了。

这近似不可思议的举措，为洛维格添置了许多新船。他的生意越来越大，信誉也越来越高，现在再也不用他上门找银行贷款了，而是许多银行纷纷主动要求贷款给他。这时，财大气粗的他再也不满足出租油轮了，而是萌发了一个更大胆的念头：自己建造油轮对外出租。

此时正是第二次世界大战之际，投资建厂的成本非常低。于是，洛维格趁热打铁，用最快的速度把造船厂建成了。上帝好像特别垂青洛维格，船厂刚落成，太平洋战争便爆发了，美国政府突然需要大量的船只，精明的洛维格立即和政府联系，没费什么周折，便从政府手中拿到了许多巨额订单，这一来，他的资本真正大起来。

战争结束以后，洛维格又把造船厂开到了日本、巴拿马等国家。另外，在澳大利亚、墨西哥等国家还设有他的企业，他一跃成为了世界知名的亿万富豪。

洛维格就是这样一个比天才还天才的人，他毫不费劲用别人的钱，实现了自己的梦想。

·CNN的触角·

CNN是美国有线新闻电视公司的代称，他的创始人名叫特德·特纳，他是一位把世界变成"村落"的人，一位拥有20亿美元资产的美国巨富。

年过半百的特德·特纳生长在亚特兰大。1963年进入美国新闻界，当时只不过是为了继承父亲的一家广告公司，他以出色的经营为公司还清了多年的旧债。1980年这一年，对特德·特纳来说是不幸的，先是父亲的自杀，后是母亲的病故，接着，妹妹又在一次车祸中丧生。特德·特纳在一年之中失去了所有的亲人，一次又一次的沉重打击，使他悲痛万分，但他是个硬汉子，并没有因此一蹶不振，他以发疯似的工作排解心中的伤痛。就在这时，他开始筹划自己的未来。他制定出一个雄心勃勃的计划：在美国创办一家24小时不间断播音的新闻电视台。

当时，亚特兰大有一家电视台快要倒闭了，这是一家主要播放肥皂剧的电视台，观众对它的节目早已厌倦了。特德·特纳独具慧眼，拿出自己全部的积蓄，把这家电视台买下来，创办了美国有线新闻电视公司，简称CNN。

那时在美国，即便是发生了重大事件，人们看电视的时间平均每天也不过40分钟，因此，朋友说他想创办一个昼夜连续播音的电视台实在是昏了头。新闻界同行更是瞧不起他，像美国广播公司、哥伦比亚广播公司这些大公司，全然不把他放在眼里，甚至讥笑他是"小菜"和"雏鸡"。就连英国前首相撒切尔夫人起初还以为CNN不过是一家色情电视台呢。

特德·特纳对这一切漠然视之，专心发展自己的24小时不间断播音电视台。工夫不负有心人，不出10年，他的CNN公司不断发展壮大，已有5500万个家庭成了CNN忠实的观众。在欧洲，CNN公司业务发展更快，有1100万人装置了专门接收美国有线电视新闻节目的线路。特德·特纳并不以此满足，他把CNN公司的触角伸到全世界每一个角落，每逢全球发生重大事件，他的公司对事件的报道总能抢在别人前面，而且以独家新闻的面孔原原本本地揭示事件的真相。CNN公司为全球91个国家提供新闻和信息服务，它无疑把自己变成了一个新闻信息库。因此，全球新闻界把CNN公司称为"第一双眼睛"。

的确，特德·特纳以他特有的铁腕，在当今新闻世界里把地球浓缩成一个小小的"村落"，这正如美国《新闻周刊》的一句评述：美国有线新闻电视公司的出现，使世界变成了一个"地球村"。

特德·特纳的新闻工作方法无疑具有独创性，有人把它说成是新闻领域里的一场革命。CNN公司以独特的新闻视角和快速高效引起各国领导人关注。许多国家领导人看他公司的电视节目简直着了迷。古巴领导人卡斯特罗经常面对CNN电视节目痴痴地看半天；美国前总统老布什有一次发火的原因也是因为收不到CNN电视节目引起的，当时他坐在小轿车里，电视屏幕上搜索不到CNN电视节目的图像和声音，可真把他急坏了；那个大名鼎鼎的前国务卿基辛格更是奇怪，他每回外出前都要叫人准备好一份宾馆的名单，不能收到CNN电视节目的宾馆他是不会光顾的；前沙特国王法赫德通过CNN公司电视新闻报道，得知一个惊天动地的消息。海湾危机爆发了。他十分气愤，把新闻部长召来狠狠地训了一顿，质问他为何没有在CNN电视公司播出这个消息之前得知这件事。

特德·特纳所创立的CNN公司在国际政坛和军事上的影响力是独有的。当今世界有这样一句话流传于各国执政者口中："要让全世界知道，请找'亚特兰大先生'。"这个"亚特兰大先生"指的就是特德·特纳和他的美国有线新闻电视公司。

·神秘的"第三者"·

在美国的迈克斯亚州,有一家运动器材厂。这家工厂生产的"世界牌"足球,销量一直在这个州排行第一,这主要靠公司的总经理德利斯·麦克米伦经营有方。可是最近一段时间,"世界牌"足球的销量直线下降,这是因为一家英国的运动器材公司杀进了迈克斯亚州,在当地大作宣传,风头一下盖过了"世界牌"足球。

如何才能夺回市场呢?这让麦克米伦伤透了脑筋。由于公司近来正有一个新的项目上马,因而一时抽不出太多的资金来和对手较量,但总不能眼睁睁看着自己被挤垮吧,经过几宿的苦苦思考,他终于想出了一个对策。

几天后,迈克斯亚州的大大小小报刊上,连续刊登了一桩奇特的诉讼案:本州体面的玛丽太太,已正式向法院提出,要和50岁出头的丈夫约翰离异,并要索取精神赔偿费和生活赡养费。最后,这些报刊还宣布:本报掌握了这桩离婚案的内幕新闻,一旦开庭,将会陆续公布于众。

这种吞吞吐吐的神秘态度,立刻引起全州人的极大兴趣。提起约翰,几乎无人不知,他是球迷协会的铁杆球迷,不管哪场比赛,他都不会错过,但他的太太究竟为什么要和他离婚呢?人们带着疑问,想找约翰夫妻问问情况,可奇怪的是,这对老夫妻竟不见了踪影,没有人知道他们到哪儿去了。

眼看开庭的日子就要到了,那些报刊又透露了一个消息,说玛丽之所以执意要和约翰离婚,主要是牵扯到一个"第三者"。这个消息一传开，人们更好奇了，想不到一心迷恋足球的老球迷，竟会是个风流汉，于是大家更焦急了，希望庭审能早点到来，好让大家尽快了解真相。

法庭终于开庭了，闻讯而来的人们把法庭挤了个水泄不通，这种情景在以往从未有过。只听玛丽太太激动地道出了离婚的理由，果然同报刊上所说，约翰在外面有外遇。

法庭一下子沸腾了，人们纷纷问道，这个"第三者"是谁。玛丽太太说："那个'第三者'就是可恨的足球，它整天缠着我丈夫，害得我20年来没过上一天好日子。"

玛丽太太的话让法庭上的人先是一愣，随即爆发出一阵大笑声，纷纷跟着附和："对，对，足球的确是约翰先生的'情人'。"现场混乱的状况让法官哭笑不得，他用木槌使劲敲了敲桌子，然后对玛丽太太说："太太，足球不是人，本庭无法传唤到庭，你总得找一个足球当事人出庭，本庭才能进行判决。"

哪知玛丽太太竟从口袋里掏出一张发票，往法官面前一递，说："当事人我已经带来了，就是它——'世界牌'足球，约翰就是被这家运动器材厂勾走魂的，所以，我要这家公司给我精神赔偿。"

全场又一次沸腾了起来，庄严的法庭乱成一团，法官趁这个机会，跟陪审团商量了一阵，便开始宣判，结果玛丽太太胜诉，生产"世界牌"足球的厂家被判赔偿她10万美元。

玛丽太太和丈夫约翰拿到10万美元的支票后，转眼就消失得无影无踪。迈克斯亚州的记者们便找到麦克米伦，看看他对这场官司有什么看法，麦克米伦二话没说，当场在公司召开了一场记者招待会。

在招待会上，麦克米伦根本不像一个刚刚输了官司的倒霉鬼，反而像个凯旋的英雄，他在对玛丽太太的不幸略表歉意之后，马上向众人作了一个声明："虽然本公司败诉了，但可以充分证明本公司的足球对于每一位男士都具有极大的魅力。我已向当局提出了申请，把原来的'世界牌'足球更名注册为'第三者'，我保证该品牌一如既往，保证质量，欢迎大家惠顾。"

从那以后，"第三者"牌足球名声大震，又夺回了市场，成了足球王国的抢手货，而麦克米伦更是笑歪了嘴。其实这一切都是他一手策划的，他只用区区10万美元，就得到了比花几百万美元做广告还好的效果。

·香水女王泼香水·

艾丝蒂在美国被誉为香水女王，但她仿佛并不满足，她决定，要让自己的香水，走出美国，打进欧洲，跟那些老牌的欧洲香水比个高低。

她的意思一经披露，好多同行都觉得她实在不知高低，竟然要去班门弄斧。

艾丝蒂却不信这个邪，她带着自己最新的香水，一种最得意的产品"青春的朝气"，要去欧洲搏上一搏。这种香水是她从奇臭无比的原料中提取出来的，可是一经炼成，无论哪个女子，都摆脱不了它的诱惑。

艾丝蒂趾高气扬地来到欧洲，满以为这一去一定会使她的香水事业飞黄腾达，没料到，结果却适得其反。她从伦敦走到罗马，从苏黎世走到布鲁塞尔，所到之处没有一家高级商店肯接纳她的"青春的朝气"。有人说她的香水味道太过怪异，没有一点古典式的幽香；有人一定要她交出香水的配方，送研究机关审定，免得会有不良的后果；更有人指责她替香水起的名字，说简直像红灯区里撒野的女人，根本没有贵妇人式的高雅。

艾丝蒂觉得，怪异也罢，幽香也罢，那些人不过是在找拒绝的借口，自己怎么能够轻易屈服？既然这样，自己索性去龙潭虎穴闯上一闯，拼个鱼死网破。

她说的龙潭虎穴，便是世界上香水业的圣地巴黎。那里生产的香水，早是全世界妇女公认的佳品；许多其他国家的名牌香水，也必须首先征服巴黎，才能走向世界。"青春的朝气"要名扬世界，必须先过这道坎。

到了巴黎，艾丝蒂依旧吃了一个又一个闭门羹。那些傲慢的香水经销商们对她的产品不屑一顾，心想我们的香水，历史恐怕比美国的历史还要悠久，还轮不上美国的香水来巴黎称霸。

艾丝蒂横下一条心，带着几名推销员，到各个大商场去，到顾客中间寻找知音。巴黎人也很保守，她们只相信著名权威的宣传，决不肯降低身价，去一名推销员手里，试一试名不见经传的香水究竟如何，艾丝蒂的这种策略，也没有收到多大的效果。

有一天，艾丝蒂带着人闯进了著名的拉德脱埃公司。当时正是下班时候，公司里顾客盈门，拥挤不堪。一名推销员不小心，被匆匆来去的客人碰翻了手里的香水瓶，一瓶香水全泼在了地上，"青春的朝气"的香味立刻引起了附近顾客的注意，有的人还停下脚步，开始嗅着这种香水的味道。

艾丝蒂见状，灵机一动，立刻把自己带来的10多瓶香水集中起来，狠一狠心，一齐泼在公司的地板上。顿时，拉德脱埃公司内芬芳四溢，香气扑鼻，人们围拢过来，好奇地打听起这种香水的名字。艾丝蒂趁机做起了宣传。

在场的一位报纸记者，正愁交不出第二天的花边新闻，看到这一幕，立刻作了现场采访，回到报社就写了篇报道，题目是《美国化妆品女王狠出奇招，公司中破罐子破摔》。他的文章并不见得是十分的友善，却大肆渲染了"青春的朝气"在拉德脱埃公司引起的轰动。这下子反而替艾丝蒂作了义务宣传，一时间来访者接踵而至，接着是购买者、订货者。艾丝蒂花了九牛二虎之力刻意经营但无法实现的目标，在不经意中获得了十分完美的结局。"无心插柳柳成阴"，"青春的朝气"一炮打响，走红巴黎，迅速在欧洲市场上占有了一席之地。

·曼哈顿之梦·

　　谁不向往曼哈顿，那里不光是美国的首富之区，还是冒险家的乐园，每年都有许多胸怀大志的年轻人拥到那里，希望能闯荡出一番事业来，但结果大多数都撞得头破血流，只有极少数人站稳了脚跟，而特朗普就是这极少数中最杰出的一个。

　　1971年，特朗普大学毕业，带着梦想和希望踏进了曼哈顿，到了那里，他才知道虽然机会无处不在，但陷阱更是布满了每个角落。经过几次碰壁，他打算改变方法，不能这样硬拼，一个偶然的机会，他发现了一个"LE俱乐部"，于是决心以这个俱乐部为跳板，进入曼哈顿的上流社会。

　　"LE俱乐部"是当时曼哈顿最热闹、最不一般的场所，在里面消费的全是美国各界的成功人士，要想进去，必须获得该俱乐部的会员身份。为了成为会员，特朗普在一个晚上，鼓足了全身的勇气拨通了俱乐部的电话。

　　只过了几秒钟，电话被人接了起来，特朗普急忙稳住情绪说："你好，我叫特朗普，想加入你们的俱乐部。"话音刚落，就听话筒里传来对方的吼声："你开什么玩笑！"接着便"砰"地挂断了电话。像"LE"这样著名的俱乐部当然不会买一个名不见经传的毛头小伙子的账，但特朗普却暗自发誓，非要在"LE俱乐部"里占有一席之地不可。

　　第二天，特朗普又拨通了俱乐部的电话，在这之前，他已经想好了对策。接电话的依然是昨天的那个人。特朗普对他说："听着，给我一份你们俱乐部会员的名单，我可能认识其中的一个。"

　　对方想都没想，一句话回绝了他："不可能，我们的会员名单是不外传的。"接着电话又无情地挂断了。

又过了一天，特朗普再次拨通了俱乐部的电话，没等对方开口，他便说道："喊你们的董事长来，我有很重要的东西给他。"对方见他三番五次打电话，以为他真是大有来头，就把董事长的姓名和电话号码告诉了他。

这边电话刚挂，特朗普就一个电话打给了董事长，开门见山地说："我叫特朗普，很想加入你们的俱乐部，你看怎么样？"

董事长问："那你有没有朋友或者家庭成员在我的俱乐部呢？"

特朗普老老实实回答道："没有，里面的人我一个也不认识。"

董事长一阵大笑："既然你谁也不认识，那我为什么要接受你为我们的成员呢？"特朗普见董事长态度还不错，感到有希望，立刻和他海阔天空聊了起来，最后，董事长说："你的声音听来还挺可靠的嘛，这样吧，明天晚上你到对面的酒吧等我，陪我喝一杯。"

第二天，特朗普早早来到了酒吧，等了一会儿，董事长出现了，还带了一个人，还没说话，就先要了两瓶酒。特朗普不会喝酒，只能看着董事长和他的朋友左一杯右一杯喝个没完，几次他想开口提正事，可刚说一句就被董事长打断了。

这场无聊的酒会一直持续了两个多钟头，特朗普也一直滴酒未进，而董事长和他的朋友却喝多了。临走时，特朗普说："要不要我扶你们回去？"董事长打着酒嗝摆摆手，约特朗普下个礼拜再来。

回去后，特朗普心里就一直在想：难道曼哈顿的成功者都是大酒鬼？如果真是这样，他们一定不会是我的对手。

一个星期很快就过去了，特朗普又走进了那家酒吧，还没坐稳，那个董事长就来了，和上次一样，他又要了一瓶酒。特朗普怕他等会儿再喝多，自己又没机会说话了，赶紧向他询问入会的事。这次董事长倒挺爽快，同意提名他为俱乐部的会员。特朗普简直不相信自己的耳朵，激动地满上一杯酒，破天荒地喝下了它。

成功就从这里开始了。特朗普在俱乐部里结识了许多商界大腕，通过他们，学到了很多知识，机会也越来越多。就这样，这个年轻人一步一步成为了美国房地产的巨富，圆了他的曼哈顿之梦。

·大发"苹果"财·

斯蒂夫·乔布斯是美国历史上最年轻的靠白手起家的亿万富翁，在25岁时身价就达到了数亿美元，在硅谷创造了令人难以相信的奇迹，被人称作"硅谷狂夫"。

乔布斯是个由养父母抚养大的孤儿，从小就喜欢冒险，10岁时，他疯狂地迷上了一样东西：电子。这个小东西对他有着无限的吸引力。正好隔壁住着的一个工程师，见乔布斯对电子知识如此着迷，就推荐他参加一个叫"发现者俱乐部"的电子爱好者聚会，在那里，乔布斯结识了一生中最好的一个朋友——沃兹尼克。

1975年，20岁的乔布斯大学毕业，来到硅谷的华纳利电子公司就职，令他高兴的是，好朋友沃兹尼克也在这家公司当电脑部门的工程师。受好朋友的影响，乔布斯也对电脑发生了浓厚的兴趣，他和沃兹尼克一商量，打算自己动手装一台属于自己的个人电脑。要知道，在那个时候，最差的一台电脑也要几千美元，普通人很难买得起，就是因为这个强烈的愿望，一台物美价廉的电脑在他们的手中诞生了。

半年后，在乔布斯的积极鼓动下，沃兹尼克和他一起花了1300美元创立了一个小公司。可公司该叫什么名字呢？乔布斯绞尽脑汁，一连想了几个名字，都不满意。

这天，乔布斯去出席一个朋友的聚会，在吃水果餐的时候，那红彤彤、鲜嫩欲滴的苹果使他眼前一亮：苹果，是全世界人人都爱吃的水果，如果把它和电脑连在一起，肯定会对人们产生一种有趣的诱惑力，而且自己过去访问印度的时候，曾得过肠炎，就是靠吃苹果才维持了生命，看来苹果和自己也很有缘，干脆就把公司叫做"苹果"吧！

就这样，"苹果电脑公司"这种响当当的名字出来了。不久，公司的第一台电脑问世，乔布斯把它叫做"苹果1号"。虽然新产品功能先进，使用非常方便，可因为资金短缺，无力推广，所以很少有人问津。

就在乔布斯心急如焚的时候，一家电脑零售店的老板看中了"苹果1号"，认为这种机器今后一定会大有作为。他对乔布斯说："我很喜欢你的产品，以后我们要多联系啊！"

这本来是一句普通的客套话，乔布斯却在第二天直接找上了门，让那个老板订他的货。那老板见乔布斯盯得紧，就爽快地答应买50台，每台500美元，货到后立刻付款。

乔布斯高兴得差点没跳起来，赶紧打电话，把这个好消息告诉沃兹尼克。从那以后，苹果电脑公司的命运便改变了。

手上有了钱，乔布斯和沃兹尼克更是信心十足了，他们到处去揽生意，这年年底，公司销售额达到了95万美元，接着他们又制作出更好更先进的新产品，苹果电脑越来越被人熟知了。

此时，乔布斯意识到，要想在竞争激烈的电脑市场站稳脚跟，除了产品本身优良外，还得借助新闻媒体的宣传和引人入胜的好广告。于是他决定不惜血本，一定要把苹果这个牌子在全美国打响。

乔布斯让资深广告人麦克肯南来做自己的广告代理人。麦克肯南果然不负众望，设计出一只彩色的大苹果，上面带着彩虹般的线条，苹果旁边被咬了一个缺口。这个商标，直到今天仍在被沿用。

然后，麦克肯南千挑万选，竟选中了著名的色情杂志《花花公子》，他认为，惟一能突破现有电脑迷这个小市场的办法，就是要在这种大众化的而且没有电子公司敢去登广告的刊物上去刊登广告。

苹果电脑终于在美国一炮走红了，紧接着，乔布斯又设计了"苹果2号"、"苹果3号"，产品的销量有增无减，供不应求，一时间，

"苹果"成了个人电脑的代名词，一场"个人电脑革命"也随之在美国轰轰烈烈地展开了。

1980年，苹果电脑销售量创下了12.5万台的空前绝后的销售记录，这年9月，公司董事会推举乔布斯为公司的董事长。随着股票的发行，他所拥有的公司股票市值达到了2亿多美元。这一年，乔布斯才刚满25岁。

·受人尊敬的总经理·

美国著名的沃尔玛零售公司总经理格拉斯，是一位连美国前总统克林顿都崇拜的杰出企业家。在美国没人不知道格拉斯的。他身高将近两米，50多岁，被公众推为全美最受尊敬公司中的最受尊敬的总经理。

从1984年，格拉斯在竞争中一步步地成为零售业的领头人。他每星期都要花两至三天甚至更多时间巡视公司下属的各家商店。格拉斯说："许多建议从不在总部拍板！"

手下的员工要想见到格拉斯可以说是太简单了，因为他们经常能在自己工作的地方见到格拉斯。这天，格拉斯来到了一个比较偏远的商店，他刚进店门，正好听见一位顾客对职员发火。格拉斯没有作声，他轻手轻脚地站在一旁，看着两人。

那位顾客把一盒子东西往桌子上一扔，大声喊道："你这里的东西太贵了，我要求退货！"说完她的手指还在职员脸上指指戳戳，嘴里骂骂咧咧的，一开始那位职员还笑着向顾客解释，说价格是上面定的。可是他这一解释，顾客更火了。

后来，职员也没压住自己的脾气，同顾客吵了起来。店里一下子热闹起来。格拉斯看不下去了，他推开围观的人，来到跟前。那位职员一看是总经理，便不作声了。格拉斯满脸笑容地对顾客说："我们的价格可能是高了，您可以退货，如果不退货的话，我可以给您打折。至于刚才的事，我会好好教育手下的店员的。"

一听格拉斯如此说，那位顾客也有几分不好意思了，便和格拉斯谈了起来。通过谈话，格拉斯了解到比他的价格低的那家商店的店名。

格拉斯解雇了那位员工，因为他刚才向顾客发火了。然后，格拉斯马上前往那家价格低的商店，看个明白，等到情况弄清楚后，他再作决定。

忙碌了一天，格拉斯回到了家中，他的脸还没洗好，电话铃响了。是白天那位被他解雇的员工，员工告诉格拉斯，他的做法过分了，他的所作所为是为了公司，一个为了公司利润的人被解雇，别人会有看法的。

听到这话，格拉斯沉默了，他叹了口气，说："白天我的言语是有些过激，我为自己的行动向你道歉，这样吧，你明天还去上班，但你向顾客发火这件事，不能就这么简单处理，你自己讲个处罚办法！"

格拉斯公平的处理办法让那位员工感到很满意，也很感动，他告诉格拉斯先生，自己会尽最大的努力为公司工作。

格拉斯就是格拉斯，他像上紧了发条的钟一样，一刻不停，他家里的电话，所有职员都知道，谁有事都可以打电话找他。虽然他略带粗暴的工作作风受到了员工们的批评，可大家对他还是十分欢迎的。每次巡视，格拉斯都被认出他的员工拦住。在一家衣料店里，经理送他一条图案花哨的红领带，格拉斯随即系上。许多员工向他要亲笔签名，或一起拍照，他总是"惟命是从"。

没有竞争的地方，格拉斯是从来不去的，他认为那是给懒汉准备的，作为一个健全的人，就要不停地去接受挑战。只有接受挑战，人活得才有滋味。他告诫属下：如果要发动价格战争，就不要采取守势，无论怎么做，别人都以为你在进攻，所以尽管向前，去进攻！

·市场争夺战·

　　巴斯拉克是如今美国大名鼎鼎的清洁剂经销商。他既能吃苦耐劳，又有过人的聪明才智，所以才创下了巨大的产业。

　　20世纪80年代初，巴斯拉克公司生产的家用清洁剂在市场上销售得十分火爆，经常供不应求。谁知，就在这个时候，他收到一条消息，说美国的另一家著名的日化公司——宝洁公司，也正在抓紧时间研制一种全新的家用清洁剂，而且无论从质量上还是价格上，都将优于自己的产品。

　　这该怎么办？如果等宝洁的产品上市，自己的公司就会面临倒闭的危险。另外，这个宝洁公司是一家跨国公司，经济实力非常强大，硬拼肯定不是它的对手。为此，巴斯拉克特意召开了公司董事会，想看看大家有什么对策。

　　会上，各位董事一声不吭，在沉默中呆坐了半个多小时，终于有一位董事先发了言。他说："从目前的情况看，我们已经没有时间赶在宝洁产品上市前再研制更好的东西了。所以我认为，趁他们的产品还没来得及上市，咱们先来个大降价，哪怕亏本，也要先把市场份额占住，然后再见机行事。"

　　这位董事的观点代表在场绝大多数人的想法。的确，这是眼前惟一的办法了。你不能还没等对手的产品出来，就被吓得关门倒闭吧。正当众人点头称是时，巴斯拉克说话了："如果单纯的降价能保住我们的市场，那倒也值得这样做。但你们想过没有，降价就意味着我们的产品将一分钱的利润都没了。没有利润，你们说我们还能撑多久？能撑得过宝洁公司吗？还有一点，我们的产品大幅度降价后，一定会给消费者一种误会，不是认为咱们过去是暴利经营，就是认为现在产品有问题。我看，这个主意不行。"

一听巴斯拉克这么说，有人就马上问："既然这样不行，那你说该怎么办？不会让我们等着宝洁来兼并吧！"

巴斯拉克摇摇头："这样吧，你们让我再想两天，看看到底怎么办。"说完，便结束了会议。

两天时间一晃就过去了，宝洁公司的产品跟着也上市了。就在这时，巴斯拉克突然宣布一个惊人的举措：对所有的零售商停止供货，让巴斯拉克公司的产品在市场上绝迹。消息一传开，公司上下大吃一惊，不知道他要干什么，纷纷跑去质问巴斯拉克。他却神秘地一笑，说："相信我，最多半年时间，美国的清洁剂市场还是我们的。"

当最后一瓶巴斯拉克公司的清洁剂在超市卖完后，全美上百万个老顾客只得去买宝洁公司的新产品。这样一来，宝洁公司初战大获全胜，他们以为巴斯拉克害怕了，不敢同自己竞争了，于是他们开始放心大胆地大规模生产了。

就在这时，巴斯拉克突然行动了。他趁对手扩大生产之际，把自己库存的产品用小包装的方式，低价在市场上推出，那些主妇们见自己日常用惯的清洁剂大减价，纷纷争相购买。

宝洁公司急忙改变计划，转向生产起小包装来，谁知巴斯拉克猛地又停止了小包装的销售，把一种特大包装的清洁剂以促销形式投向了市场。这种价格便宜量又足的产品，更是得到顾客的青睐，一时间供不应求。

如此一来，这些主妇们家里的清洁剂够用半年的，宝洁公司的产品再也无人问津了，市场又重新被巴斯拉克夺了回来。从此，再也没人能够动摇他在清洁剂市场上的地位了。

·全球调查公司·

在西方国家里，有许多非常奇特的公司，可就是这些公司在人们的生活中却起着很大的作用，有的公司从此一跃成为世界上比较有名的大公司。美国的一家"全球调查公司"便是这样的，如果你有些鸡毛蒜皮的小事，办起来还很棘手，那你就可以去找公司的经理詹姆斯。

詹姆斯在他49岁时办起了这家公司，他办的事很多是人们想不到的，其难度不亚于办一件大事。一位电影制片商要找一个159公斤的胖女人，裸体在弹床上蹦跳，这事对于制片商十分难办，但对于詹姆斯来讲只是小菜一碟。詹姆斯只花了一天时间，便找到了三个够条件愿意当临时演员的肥婆，供制片商挑选。

但有些任务表面上看来十分简单，一办起来却困难重重。

在詹姆斯的事业中，有一件事让他感到十分自豪，那就是他帮助女歌星桃丽·巴顿找到了一瓶香水。那天，詹姆斯的店刚开门，就有人进来了。詹姆斯一看，来人正是他最喜欢的女歌手桃丽，詹姆斯忙走到桃丽跟前，讨好地说："桃丽小姐，我能帮您做什么？"

桃丽从口袋里掏出一个香水瓶，递到了詹姆斯面前，"詹姆斯先生，我早就听说你的公司无所不能，但我不知道你们能不能帮我买到这种香水，如果可以的话，我会出大价钱的，同时我也会对我的朋友宣传你们的！"

詹姆斯难以压抑心头的兴奋，诚惶诚恐地说："桃丽小姐，我们一定会尽最大力去办的，请您相信我们！"詹姆斯边说边接过了香水瓶，可当他看到香水瓶后，心都凉了。这个香水瓶根本没有商标，也没牌子，几乎没办法找，但自己已经答应下来了，只能试试看了。

詹姆斯仔仔细细地看着香水瓶，突然他通过放大镜发现，香水瓶的底部有一个编号，这个编号便是惟一的线索。詹姆斯写信给了全国一些最大的香水生产厂家，过了很长时间，终于有个厂家给了回信，他们告诉詹姆斯这种香水是一家小厂生产的，可惜的是这个香水厂已经停产17年了。

听到这个消息，詹姆斯感到浑身没劲，自己费了那么大力气，得到的却是这个答案。想着想着，詹姆斯一下从椅子上站了起来。"不行，我要尽最大的力气去试试！"詹姆斯锲而不舍，从香水厂的职员名单中寻找到了当年配制这种香水的化学师的名字，他向化学师要到香水的配方，拿到一家香水公司订造了两盎司。这几经艰辛得来的两盎司香水，桃丽要付数百美元购买，另外还要付867美元的调查费。但桃丽对詹姆斯的服务非常满意，毕竟他帮助她实现了多年的愿望。

·奥运财·

　　1984年以前，谁也不愿承办奥运会，因为不管是在哪个国家，承办的结果都是血本无归，但是，这个亏本的记录终于在第23届奥运会上被打破了，创造这个奇迹的人就是美国企业家彼得·维克多·尤伯罗斯。

　　1978年，美国洛杉矶获得了筹办1984年奥运会的资格，这虽然是一个利国利民的大喜事，但政府苦恼透了，不想把大笔大笔的钞票往水里扔。就在这时，有人提出让私人去办、国家不拿一分钱的建议。大家一合计，觉得这个主意不错，可是找谁好呢，商量来商量去，最后找到了尤伯罗斯，就这样，尤伯罗斯当上了这届奥运会的组委会主席。

　　尤伯罗斯是一家旅游公司的老板，虽然家产百万，但这点钱对奥运会来说根本不值一提。为了既能成功举办这个盛事，又不让自己倒贴本，尤伯罗斯搜集大量有关历届奥运会举办情况的材料，从头到尾仔细研究了一番，决定先从众多的大企业下手。

　　拉广告可不是一件容易的事，但尤伯罗斯早有准备，他知道物以稀为贵，便把赞助公司定为23家，多一家也不行；而这些需要宣传的企业，赞助费至少不得低于500万美元，少一分也不行。这主意还真不错，他在外面转悠了一圈，就找到几家世界知名大公司投资修建体育场。看着这些基础设施有了着落，尤伯罗斯心也定了下来，但这些赞助费离他预定的目标还相差得太远，必须再找一些舍得花钱的大主顾才行。

　　世界著名的柯达彩卷公司早就成了尤伯罗斯拉拢的对象，可这家公司仗着财大气粗，硬是嫌尤伯罗斯开价500万太高，只同意掏100万给他，要不然就免谈。尤伯罗斯见柯达公司这么抠门，二话没说，转身去了日本。他早已调查好了，柯达最大的竞争对手是日本的富士胶卷公司。

富士公司早就想占领欧美市场了，只是苦于没有机会，尤伯罗斯的到来，简直给他们打了一针兴奋剂，忙不迭答应了下来。果然，通过这个机会，富士公司的声誉在欧美一下子超过了柯达公司，产品在欧美也站稳了脚跟。

忙完赞助，尤伯罗斯又开始和广播电视公司谈判起来，要知道转播奥运会盛况的权利可是数额最大的一笔交易。经过反复的谈判和协商，他终于和美国全国广播公司签下了2.5亿美元转播权的协议。

奥运会一天比一天接近了，所有款项都已基本到账，尤伯罗斯一算，顿时把脸笑成了一朵花，原来不但奥运会所用的资金都足足有余，而且还多出了不少。可他还不满足，又把整个计划研究了一遍，发现还有一个地方可以捞上一笔。

第二天，美国各大报纸大版大版登出了广告，向个人出售传送奥运圣火的路线，每1.5公里售价3000美元。美国人本来就喜欢出风头，花上3000美元捧着圣火在全世界的目光下跑上一圈有多威风，谁不会心动。就这样，这条长达几百公里的路线被卖得干干净净。

美国人出尽了风头，尤伯罗斯也赚足了钞票。1984年7月23日，第23届奥运会在洛杉矶如期举行了，规模和盛况超过了任何一届，运动会从头至尾高潮迭起，电视的实况转播把这一幕幕传播到了全世界，尤伯罗斯的大名也传遍了全世界。

等奥运会一结束，详细的数据也统计出来了，这届奥运会尤伯罗斯没有向政府要一分钱，反倒为政府赚进了1.5亿美元。全世界的人都大吃一惊，无不对尤伯罗斯直竖大拇指。为了肯定成绩，当时的国际奥委会主席萨马兰奇还亲手为他挂上了象征奥林匹克最高荣誉的金质勋章。

面带微笑、佩带勋章的尤伯罗斯不但创造了承办奥运会的记录，还为今后的奥运会树立了榜样。

·最好的广告语·

　　亚·克罗尔是一位彪形大汉，年轻时曾是纽约"巨人"橄榄球队的队员，但现在他是号称世界第一大的扬·鲁比肯广告公司的老板。他的成功，除了把在橄榄球队里的那种不认输的拼搏劲头用到了企业经营上，还有很重要的一点，就是他非常善于调动下属的积极性。

　　有一次，鲁比肯广告公司接到一笔业务，是为福特汽车公司设计广告，但必须先拿出一条主题标语来。为此，公司负责该项广告业务的人员花了一个多月时间，翻遍了手头的所有工具书，提出了整整100条标语，但没有一条入选。

　　大伙儿被这个标语搞得焦头烂额，实在没有办法了，只好向底特律的分公司求救，请那边的同事帮帮忙。半个月后，底特津分公司的人送上来100多条广告语，接着又是一番精挑细选，好不容易保留下其中的三条，他们把这三条广告语交给了克罗尔，请他来最后定夺。

　　看过这三条广告语后，克罗尔觉得哪一条都不符合他的要求，但他没有直接说出来，而是让策划者下午到他办公室开个讨论会，因为下属们这许多天来的辛苦他全看在眼里，他实在不忍心再给他们泼冷水了。

　　下午，讨论会准时在克罗尔的办公室召开了。他首先表扬了下属们吃苦耐劳的精神，然后才慢慢将话题转到广告语上，他并没有埋怨和责怪他们，而是心平气和地给大家综合了这条标语究竟该表达什么内容，究竟该用什么样的形式出现，然后让大家讨论。

　　在克罗尔的启发下，众人豁然开朗，立刻意识到创作出的这些广告语存在着哪些缺点，于是马上就有人提出应该怎么开头，有人编写出了整条句子，有人再加以文字润色，最后不到5分钟，一条精彩的广告语诞生了。

好久没吭声的克罗尔在这个时候为下属鼓起掌来，对他们的成绩表示祝贺。这一来，大家都有些不好意思，纷纷说："这都亏了您，没有您的提示，我们还在死胡同里绕圈子呢！"

克罗尔连忙直摇头："根本没我的事，这明明是你们创作出的结果。"说完，他拿起那条写好的广告语，大声念了一遍，末了，他真诚地说了一句："这只有鲁比肯广告公司的员工才能创作出这么棒的广告语来，我为是你们的老板而感到自豪！"话音没落，下属们纷纷站了起来，掌声在办公室里久久回荡。

克罗尔经常说："要推动工作，应该是调动人的求胜愿望，而不是用恐惧或者威胁的手段。"其实，他正是这样一个人，用自己独特的工作方式深深赢得员工们的尊敬，员工们都甘愿为他卖命，他们紧紧团结在一起，创造了广告业中的一个又一个奇迹。

·P和L的含义·

现在，世界上每个大商场里都有玛丽·凯化妆品公司的商品出售。玛丽·凯化妆品公司在世界上屈指可数，它的成功与总经理玛丽·凯的P和L哲学是分不开的。

在商业中，"P"和"L"指的是盈(Profit)和亏(Loss)，但在玛丽·凯化妆品公司，"P"和"L"指的是人(People)和爱(Love)。玛丽·凯今天的事业是和这两个字母分不开的。

玛丽·凯化妆品公司的总部设在美国达拉斯。走进公司总部大楼，人们首先看到的是该公司全国销售主任的照片，这些照片放得比真人还大。别人问玛丽·凯为何这么做，玛丽·凯只是笑笑。说起来，这里面还有个小故事。

玛丽·凯化妆品公司成立不久，有一回玛丽·凯去生产车间办事，陪同的是一位销售部主任。两人来到车间后，职工对他们大声吆喝，说是闲人免进，让他们出去。玛丽·凯很尴尬，便指着销售部主任介绍说："这是你们的销售部主任。"

职工们都很漠然，他们认为销售部主任和生产车间是两回事。玛丽·凯为此感到很不舒服，她想，在一个公司里工作，人与人之间不应该如此冷漠。因此，她让人把销售部主任的照片都挂在了总部大楼里。这样一来，每个人都知道了销售部主任的模样，另外，她也想让销售部主任们明白，公司的效益如何，和他们有着很大的关系，职工们的眼睛都在看着他们。

玛丽·凯的这招很有效果，那些销售部主任每回看到自己的照片挂在总部大楼里，总是觉得自己要加倍工作。

　　玛丽·凯的工作量非常大，平时挺忙的，因此和员工接触的机会并不多。在一次会议上，她了解到，职工们只知道各部门经理的姓名，连他们长得什么样都不知道，这使职工和管理人员的关系有些疏远。玛丽·凯听了后，不由得陷入沉思。

　　第二天，玛丽·凯宣布了"开门原则"，要求总经理和各部门经理的办公室敞开，也就是说欢迎提建议的人。玛丽·凯说：不应该让办公室是一堵墙，把人们隔开了。"开门原则"强调的是上下通气，人与人交流，体现了公司对"人"的重视。

　　玛丽·凯不仅重视"人"，在给予员工无微不至的关怀方面也堪称模范。

　　一天早晨，玛丽·凯和往常一样到生产车间走走。在一个车间里，她看到一位手指上缠着胶布的员工正在全神贯注地工作着。玛丽·凯快步走了过去，和这位员工攀谈起来。

　　谈话中，这位员工告诉玛丽·凯，自己是昨晚在家切菜时不小心弄伤了手。

　　玛丽·凯笑着说："你的手艺肯定不错，我倒想和你比比。晚上，你到我家来吧，我烧两个菜给你尝尝。"

　　玛丽·凯就是如此和职工们进行交流的，她以普通身份邀请职工们到家中做客，使大家感到她不仅是位总经理，更像一位和蔼的家长。

　　玛丽·凯化妆品公司对职工的管理，无时不体现一个"爱"字。公司员工过生日，公司会向他表示祝贺，还要为他准备一份免费午餐，使每个员工都能感到公司的温暖。"秘书周"也是玛丽·凯化妆品公司的传统。在每一年的这一周里，所有秘书都会得到一束鲜花。礼品虽轻，然而情意深长，表明公司时刻都想着大家。

　　玛丽·凯总是十分愿意同别人谈及她的公司，她认为公司的成功是和人们的亲密无间、团结协作分不开的。

·找回信誉·

美国有一家葛雷森医药公司，在全球各地都有产品代理商或合作者，业务发展得相当迅速，这一切，都要归功于公司的总经理阿瑟·戈登，但这一次，他遇到了意想不到的麻烦。

那是1998年年底的下午，阿瑟·戈登委托的一家商业情报公司的顾问急匆匆跑来找他，一句话还没说，就先递给了他一份清单。阿瑟·戈登仔细一看，只见清单上详细列着不久前在中国中央电视台赈灾募捐晚会上举牌子而未捐款的企业名字，其中有三家是葛雷森公司的代理商。

看到这儿，阿瑟·戈登抬头望望情报公司的人，心想：这和我有什么关系呢？那个顾问一眼便看穿了阿瑟·戈登的心思，一脸严肃地说："我建议你立刻取消这三家公司在中国的代理权，而且要抓紧！"

阿瑟·戈登越听越纳闷，觉得他太小题大做了，但他又不好当面把这种情绪表露出来，因为他所委托的这家情报公司在美国非常有名，对市场未来的分析相当准确。50多年前，这家公司曾为美国国防部提供过一份关于"中国将出兵朝鲜"的情报而名声大震，看来这次他们在中国的募捐晚会上发现了不一般的情况。

究竟有什么地方不妥呢？等那个顾问走后，阿瑟·戈登陷入了沉思，想了一夜，也没想出个所以然，不过他心里开始犹豫不决起来，不知道要不要按商业情报公司的话去做。

仅仅隔了一天，阿瑟·戈登收到了那家商业情报公司的一份圣诞礼物——一张去拉斯维加斯观看轻量级拳王争霸赛的机票和门票。

　　按约定的时间，阿瑟·戈登早早赶到拉斯维加斯，在大西洋赌城的圣多加诺广场，与情报公司的总经理见面了。相互问候一番后，情报公司的总经理便开门见山地说："请你相信我，我绝没有干涉你们公司的目的，我只是提出我的建议，至于采不采纳还在于你，但是我要对你每年所付给我50万美元的顾问费负责。"说到这儿，他不慌不忙地为阿瑟·戈登讲起了故事。

　　就在这个圣多加诺广场上，有许多和人类十分友好的和平鸽，不管是谁，只要手捧面包屑站到广场上，它们就会飞过来，站在这个人的肩头、手上去啄他带来的食物，时间一长，人们甚至一招手或做出手拿食物的样子，它们也会飞过来。可这种情况现在再也没有了，因为在广场上做假相的人太多，让鸽子一次次飞来，又一次次被欺骗，结果就是人们手里再拿上面包屑，鸽子们也不会再飞过来了。

　　听完这个故事，阿瑟·戈登久久没有说话，心里越想越有道理，大半天，他嘴里才冒出一句："你说得很对，信誉永远都是第一。"

　　总经理点点头，感慨地说："如果你再让这些做假相的家伙留在中国，最后的结果将是10多亿的中国人对你彻底失去信心，他们会慢慢远离你的企业。"

　　决定就在这一刻产生了。阿瑟·戈登再也没心思看拳击赛，马不停蹄地赶了回去，一到公司，他就毫不犹豫地取消了远在中国的那三家代理公司的代理权，并很快兑现了他们在募捐晚会上的承诺。

　　忙完这一切，阿瑟·戈登打开电视，看着自己公司的药品正大批大批送往灾区，脸上才缓缓绽出了笑容，因为他知道，自己没有让十几亿的中国人失望，自己的信誉又找回来了。

·小小图书管理员·

　　这里讲的是信息时代的奇才，美国微软电脑公司的总裁比尔·盖茨少年时代的一个故事。

　　1965年的5月份，美国西雅图景岭学校图书馆来了个孩子。他瘦瘦的，个子也不算高，看上去只有10岁左右，一双忽闪忽闪的大眼睛里，充满着好奇的目光。他对值班的管理员说："我是比尔·盖茨，他们推荐我来，让我到图书馆帮忙。"

　　"好的，比尔。"图书馆管理员记起了这件事。他开始用最通俗的话向这位才小学四年级的孩子介绍图书的分类法。告诉他每一本书的书脊上都有一张标签。标签上的编号表示各类书不同的内容、分类、作者，有了编号，每一本书在架子上就有了自己的位置，读者可以根据编号一下子找到它们。

　　"现在，有些图书没有放在它们应放的地方，你的任务就是把这些站错位置的书找出来，把它们放到该放的架子上。你行不行，比尔？"

　　"像是当个侦探吗？"小男孩回答。管理员觉得孩子的答案很有趣，说得也很恰当，便笑着说："对呀，对呀！你就把自己当成个侦探，把那些犯了法的书找出来。"说完，他便把孩子留在藏书室，忙自己的事去了。

　　到工间休息的时候，管理员想起了书库里的孩子。他走进书架间的走廊，看到比尔还在书架前，站在小板凳上，吃力地把一本书插进最高一层架子中。

　　"先生，"比尔眼里闪着热情的光芒，"我已经抓到了3个逃犯，这里才是它们的归宿。"对一位年仅10岁的孩子来说，短短一个小时就掌握了图书编号的规律，确实是件让人吃惊的事情。

第二天，当图书管理员上班时，看到图书馆门口站着瘦小的比尔·盖茨，他来得那么早，看来他已对图书馆这项枯燥的工作产生了浓厚的兴趣。到这天傍晚，比尔要回家时，他正式请求担任图书管理员，他的要求立刻被接受了。大人们都十分喜欢这位有头脑的孩子。

比尔确实没让大人们失望，他对编号似乎有特殊的感受能力，能够迅速地让放错的图书回到应放的位置，干得比大人还好。

可惜好景不长，一个月后，比尔对图书馆管理员说，他们家要搬到湖滨住宅区去了，他也要跟着转学到湖滨学校去。比尔似乎对图书产生了极大的留恋，他说："我走了，谁来整理那些站错了的书呢？"

到下半年新学期开学后，图书馆里的工作人员在整理放错了位置的书时，还是常常想起比尔这孩子，假如他还在，那该多好，至少每天总会有个人关心这件事，免得大家要多出一份力。

谁也没想到，一个星期后，比尔·盖茨又出现在景岭学校的图书馆里。他高兴地告诉大人同事们，那边学校的图书馆不让孩子当管理员，爸爸妈妈决定把他转回来，在这边上五年级，每天由他爸爸开车接送他上学。"如果爸爸没有空，我就自己走路来。"听到他坚定的话语，又看到他这么有决心，图书馆的工作人员都被感动了。

比尔·盖茨在景岭学校的图书馆又当了一年的义务图书管理员，他对图书编号的熟悉让所有的人吃惊，他的工作效率极高，而且每次当"侦探"都不遗余力，穿梭在书架中。

1968年下半年，比尔最后一次到图书馆工作。他很不好意思地告诉大家，他找到了另一件更让自己动心的活计，原来他开始接触到电脑。"我很抱歉，"比尔说，"可是，电脑几乎占用了我所有的空余时间。不过，在这里的工作，也教会了我好多东西，我相信，今后我会用得上它们的。"

　　果然，1975年，当比尔·盖茨20岁的时候，他便创建了自己的电脑公司。在制作自己的电脑软件的时候，在景岭学校图书馆整理图书的经历，给了他很大的启发，他很快给自己的软件设计了编码通道，让电脑能容纳更多的信息。

　　这位当年穿梭在书架中的瘦孩子，便是当今信息时代的天才、微软电脑公司的大亨比尔·盖茨。

·小事情与大事业·

1962年7月，美国大兵沃尔顿从部队退役，回到自己阔别的家乡——美国西北部一个叫本顿维尔的小镇。他已经44岁了，军旅生涯耗尽了他的黄金岁月，却没留给他一技之长。当时建筑业正风靡全球，他却没有工程师的证书；电子业正迅猛发展，他却对高新技术一无所知。考虑再三，他决定从商，在镇上开家百货店试试。

就这样一家名为"沃尔玛"的商店在小镇上开张了。沃尔顿充分发挥了自己的才能，很快就把沃尔玛办成了小镇第一店。如果只求温饱，沃尔顿现在已经可以说"功成名就"，对一位年近半百的人，这种成绩已经可以值得骄傲了。

但是，沃尔顿不是个容易满足的人，他看到当时各百货商场都有扩大的趋势，便接连在波特兰、尤金、彭德尔顿都开了沃尔玛店，只要条件许可，那里的店能开多大就开多大，让顾客走进沃尔玛店，便没有必要再去其他商店。沃尔顿成了整个俄勒冈州的连锁店大王。

店多了，人多了，沃尔顿不能只注意一家店的情况，他不得不经常到各地去指导。这一年，他在走了几家店后，通知所有连锁店的总经理到波特兰开会，宣布沃尔玛连锁店的重要改革措施。

经理们按时到达波特兰一家饭店，等候自己的老板。一辆辆豪华的轿车开来了，经理们一齐盯住车门，希望看到老板。但是，他们都一次次失望，老板还是没到。

这时候，一辆早已过了时的老式轿车来到饭店门口，后边，还有一辆最时髦的大型轿车，大家把注意力都集中在后面那辆车上。想不到沃尔顿却从那辆破车里走了出来，向经理们抱歉说："对不起，车在中途抛了锚，让你们久等了。"接着对同来的职员说："你去开一间房，咱们俩仍然住在一起。"一句话，听得刚才各自订了套间的经理们一肚子的纳闷。

下午，会议就在一间普通的会议室里开始了。沃尔顿也没兜圈子，直接宣布了一桩改革措施：所有的沃尔玛店，从明天开始，每天都要平价，让商品价格随市场变化而改变，指标是：沃尔玛店商品价格至少要比其他店低5%。

听到这个决定，经理们都面面相觑。开商店是愿买愿卖，这样一刀切，不是明摆着硬吃亏吗？况且每天要平价，那该是多么大的工作量，做得到吗？这种近似异想天开的做法，恐怕只有这位在部队里待了大半辈子的人才想得出来。

这时候，沃尔顿说话了："我知道你们都订了套间，可是我仍然跟自己手下住在一间房内。你们喜欢掏自己的腰包，我没意见，但我要节省每一美元，这也是人之常情。顾客的想法恐怕只会跟我一样，我们能够替顾客节省每一美元，就能在竞争中占先一步。"

"有人会说，这样的要求做得到吗？"沃尔顿接着说，"我觉得没问题，这就要改变我们的采购策略。我的策略是：低价买入，大量进货，廉价出售。这样做了，我们的收入不会降低。薄利多销，才是我们的出路。"

沃尔顿用他这种大刀阔斧式的改革，取得了成功，沃尔玛店的生意做得越来越大，走出了俄勒冈州，遍布到全美国。

过了半年，沃尔顿又召集了第二次会议。这一次在尤金，会议地点居然在当地一个健身俱乐部。到那天，沃尔顿没开他那辆破车，却用面包车运来了一些模特。会议开始，他便让模特们给大家表演，让大家注意，模特们的微笑，哪一位才显得最完美。

表演完毕，沃尔顿又发出了一道命令，每一位在沃尔玛任职的售货员都要进行微笑训练。他请教了专家，只有把嘴张开，露出8颗牙齿，微笑才能表现得最完美。因此，工作人员微笑训练的合格标准是，必须露出8颗牙齿，不能多也不能少。

又是"军令如山倒"，经理们立即回去搞微笑培训。说也奇怪，这种培训居然收效甚大，经过培训，每位售货员都变得那样亲切自然，让顾客们享受到了内心的满足。有了"价格"和"服务"两个轮子，沃尔玛店飞速发展，很快成为全球最大的商业连锁集团，成为世界500强的冠军。

·世界首富沃尔顿·

2001年，全球富豪排行榜上，荣登榜首的比尔·盖茨威风全无，被美国百货连锁店"沃尔玛"老板罗伯森·沃尔顿取而代之。据说他的财产比比尔·盖茨整整高出80亿英镑。那么，这个名不见经传的百货连锁店老板到底是怎样击败曾经不可一世的比尔·盖茨的呢？

美国大众很少有人知道沃尔顿长什么模样，虽然他曾慷慨捐出数亿美元给美国几所大学，不过他从没因为这事在媒体上露面，外界的人只知道他居住在阿肯色州附近，过着和每个普通人一样的生活，干什么都不显山露水。

沃尔玛连锁店是沃尔顿的父亲在1962年创办的，他把连锁店交到儿子手上时，悄悄告诉他一个开店的窍门：商店只有提供足够多的商品和良好的服务，才能吸引人们到这里花钱消费。

许多年来，沃尔顿一直牢记着父亲的这句经验之谈，同时又在经营的时候加上自己独有的"乡土"理念，不管在世界哪个分店，都定下不少不成文的规定：如每天一早，只要顾客走进店里，就必须受到店员的问候；每家连锁店每年要为当地一些高中毕业生提供大学奖学金；当地生产的商品优先购进，并摆在店里最显眼的位置，等等。沃尔顿所做的这些，只不过是要各个连锁店注重本土意识，以本地顾客的需要为最高目标。

除此以外，沃尔玛连锁店还有一条"太阳下山"规则，谁要是违反了，沃尔顿绝对不会给他好果子吃。一个礼拜天的早晨，阿肯色州一家连锁店的药剂师在家休息，突然接到店里打来的电话，说他的一位糖尿病顾客不小心把刚购买的胰岛素弄丢了，药剂师慌忙赶到店里,拿上药,到处去找那位顾客,直到把胰岛素送到他的手上才松了口气。这就是沃尔顿所定的"太阳下山"规则,只要顾客提出要求,店员必须在当天太阳下山之前满足顾客。

虽然沃尔玛连锁店的生意越来越红火,知名度越来越高,但沃尔顿还是不太满意,他又在公司提出"商品每天都是低价"的口号,同时还经常到各店去巡视,每到一处,他便鼓励店员:"我希望大家向我保证,无论在什么时候,当顾客与你的距离在10英尺之内时,你必须注视着他的眼睛,问他是否需要你的帮助。"没多久,他的这种"10英尺态度"的经商秘诀又传开了,人们都说,怪不得沃尔玛连锁店的店员思想如此统一,原来他把哲学思想带到了商业中。

沃尔顿这种把顾客放在第一位的举动,深得大众的喜爱。他每天都收到来自世界各地的表扬信,有的十分诚恳感谢店员提供的微笑服务,为自己大大提供了便利;有的则是表扬店员在一些事情中体现出的英雄主义,比如谁为保护一名儿童不被卡车撞倒,勇敢地冒着生命冲上去将儿童推开;谁又主动放弃自己好不容易为儿子订购的玩具,为的是让一名顾客实现在生日的时候给儿子买这种玩具的诺言等等。看完这些表扬信后,沃尔顿只是淡淡一笑,平静地说:"这很正常,因为沃尔玛的店员都是世界上最优秀的店员,如果他们连这些都做不到,沃尔玛也不会有他容身的地方。"

这话传到比尔·盖茨的耳朵里,他沉默了半天,说了一句:"沃尔顿真了不起,我很钦佩他。"

但沃尔顿的所作所为并不是让谁去钦佩自己,而是要让自己的企业更强大。沃尔顿这个愿望终于实现了,仅1995年,沃尔玛便在美国创造了8.5万个就业机会,在沃尔玛供职的美国人达到60万人。他们和沃尔顿一起,开心地为每位顾客工作着,创造出一个又一个奇迹。

·赚钱的灵感·

古人曰，月晕而风，础润而雨。也就是说，如果月亮周围出现了光环，老天将刮风了；如果屋柱子下的石墩子上湿漉漉的，意味着老天将下雨了。以此来比喻任何事情的发生，事前总有踪迹可寻。

做生意办企业也是如此，你先观察事情的苗头，一出现苗头马上动手，这样你就可以赚钱了。

1975年初春，有一天，美国亚默尔肉食加工公司老板菲力普·亚默尔正双腿搁在桌子上，双手捧着一张报纸在阅读，猛地，他的眼睛一亮。原来外国消息版上有十几个字的短消息跳进了他的眼眶。上面这样说，墨西哥发现了疑似瘟疫的病例。

他立即将两脚放了下来，又将这一短消息一字一字地重读了一遍。不错，就这几个字。

他一边用手指敲着自己的太阳穴，一边喃喃地说："疑似瘟疫，也就是说可能是瘟疫，也可能不是瘟疫。地点是墨西哥……"

他跳起身来，走到挂在墙壁上的全国地图旁边，用手指着，说："万一墨西哥真的发生了瘟疫，毋庸怀疑，咱们美国的加利福尼亚州和得克萨斯州也在劫难逃。谁叫它们紧靠边上？——紧靠边上也就意味着瘟疫会在这两个州蔓延开来。瘟疫蔓延又怎么办？这就意味着这两个州的肉食不能运往全国各地。这两个州是咱们美国的产肉基地，肉运不出去就意味着我国肉食会紧张起来。不过，且慢，墨西哥的那个消息是否可靠，我得派个人去调查一番。"

他即刻打了个电话给自己的私人医生，请他马上起程去一趟墨西哥，查一查那里是不是真的发生了瘟疫，一有消息，即刻回电报告。

22个小时后，私人医生亨利从墨西哥挂来长途电话，墨西哥果然发生了小型瘟疫，已有3人死亡，眼下尚未引起国家有关方面注意，估计不日还将蔓延开来。

亚默尔吩咐他暂时住在那里打探消息，一有瘟疫蔓延的情况马上向他报告，他随即打电报、挂电话，大量收购生猪、牛肉，租屋租冰库贮藏。

半个月后，亨利再次来电话，墨西哥瘟疫已经蔓延，国家正在采取措施。亚默尔听后心里有底，就让他回来了，他紧急用借贷方式弄来一大笔钱，加紧肉类囤积。

果然，不出他所料，约一个月后，美国加利福尼亚州及得克萨斯州瘟疫大起，国家下令严禁一切肉食品从这两个州外运。这两个州是美国生产肉食的大省，禁运令一下，肉食价格大涨。美国是吃肉的大国，百姓一天也离不开肉，价格大涨不但止不住人们买肉的欲望，反而引发大家贮肉的劲头。

亚默尔于是将自己早日贮存的肉食一下抛出，狠狠赚了一大笔。几天下来，除去租冰库、运输的钱，净赚了900万美元！

·迂回发展·

两点之间当然直线最短，但是如果你想上某地去，就在你的所在地与目的地之间画上一条线，然后企图沿着这条线笔直到达，却是梦想。因为天下原本就没有这么一帆风顺的事。

经商办企业也是如此。商人图德拉是一个很好的例子。

图德拉原是位自学成才的工程师。他工程师做得时间长了，就想换个行业，看到人家做石油运输生意不错，也想在这上面捞它一把。

不过，凡是做石油运输生意的人一要有雄厚的资金，二要有老关系，可他是一个穷工程师，什么也没有。

他决定采用迂回战术。

这天，他在朋友处串门，听朋友说起，阿根廷急需价值2000万美元的丁烷。这是一种有机化合物，是构成石油的主要成分。

他心里一喜，仿佛看到了做生意的路子。不过，他一无钱，二无丁烷，这该怎么办？

他正在着急，又一个消息传来，阿根廷牛肉过剩，正愁卖不出去。

于是他在国内转了一圈，发现委内瑞拉国内既不缺牛肉，也没有丁烷可供他随意拨用。

他心里非常沮丧，心想，既然国内行不通何不上国外去试一试。

他先多方打听，听说西班牙造船厂正在为没人向他们订船而愁得吃不下饭，他灵机一动，赶紧乘飞机飞到西班牙。

他住下来后，要求约见造船厂的厂长，说有笔买卖要与他商量，只是附带有个条件。

厂长一听来了生意，立即赶过来见图德拉，图德拉对他说："我所说的条件可能有些牛头不对马嘴，只求厂长先生考虑。在下愿意向贵厂订一条造价2000万美元的超级油轮，条件是得先向我购买2000万美元的牛肉。也就是说，我先付2000万美元的牛肉给贵厂，贵厂付1000万美元现金给我，另1000万算是我的造船订金，等到船交货了，我再付1000万美元，如何？"

那厂长因为长期没人订货，正急得要命，就说："这条件果然古怪，但也是可以考虑的，我明天给你回话。"

他当夜动员厂里的中层干部去试着推销牛肉，西班牙本以牛肉为主菜，结果马上找到了销路，于是第二天，他就与图德拉订下了合同。

合同在手，图德拉立即赶到阿根廷，说他愿意买下他们过剩的牛肉，只是钱先付500万美元，余下过一段时间再说。阿根廷正愁牛肉没处推销，一口答应了下来。

图德拉拿了牛肉给西班牙，再将多余的500万美元给石油公司作订金，让他们先付2000万美元的丁烷。但有一个条件，就是得雇佣他提供的超级油轮运输。

采取这样迂回曲折的路线，他赤手空拳开创了他的石油运输业，慢慢地，打下了一片江山。